DER KONKURS DER HYPOTHEKENBANKEN.

VON

DR. IUR. HANS KRÜGER

LEIPZIG
VERLAG VON VEIT & COMP.
1916

Leipziger juristische Inauguraldissertation

Druck von Metzger & Wittig in Leipzig.

Inhaltsverzeichnis.

Literaturverzeichnis.

Bonschab, Hypothekenbankgesetz. München 1900.

Bonschab, Schuldverschreibungsgesetz. München 1900.

Budde, Beiträge zum Hypothekenbankgesetz. Berlin, I. 1905, II. 1906, III. 1910.

Cosack, Lehrbuch des Bürgerlichen Rechtes. Jena 1912.

Dannenbaum, Deutsche Hypothekenbanken. Berlin 1911.

Ehrlich, Das Hypothekenbankgesetz in seiner wirtschaftlichen Bedeutung. 1909.

Franz, Jährliche Berichte über Hypothekenbankwesen im Deutschen Ökonomisten.

Golodetz, Staatsaufsicht über Hypothekenbanken. Im Jahrbuch für Gesetzgebung, Verwaltung und Volkswirtschaft im Deutschen Reich. 29. Jahrgang, 1905, Heft 3, S. 180ff. Heft 4, S. 189ff.

Göppert, Hypothekenbankgesetz. Berlin 1911.

Güthe, Die wirtschaftlichen und rechtlichen Grundlagen des modernen Hypothekenrechts. Berlin 1914.

Hecht, Hypothekenbankenrecht. In Kohlers Enzyklopädie I, 8. München, Leipzig, Berlin 1908.

Hillig, Hypothekenbankgesetz. Leipzig 1900.

Jaeger, Kommentar zur Konkursordnung. Berlin 1903.

Kohler, Leitfaden des Deutschen Konkursrechtes. Stuttgart 1903.

Kohler, Hypothekenbanktreuhänder. Bankarchiv VI, S. 121ff.

Könige, Kommentar zum Gesetz, betreffend die gemeinsamen Rechte der Besitzer von Schuldverschreibungen. Tübingen, Freiburg i. B., Leipzig 1900.

Könige, Einfluß des Konkurses auf die Gläubigerschaft des Schuldverschreibungsgesetzes. In der Zeitschrift für Deutschen Zivilprozeß (ZZP.), Band 28, S. 414ff. Berlin 1901.

Löhr, Hypothekenbankgesetz. Leipzig 1906.

Merzbacher, Hypothekenbankgesetz. München 1900.

Nussbaum, Deutsches Hypothekenwesen. Tübingen 1913.

Rehm, Die Bilanzen der Aktiengesellschaften. München 1903.

Romberg, Koloniale Hypothekenbanken. In der Deutschen Juristenzeitung. 1911, Sp. 812f.

SCHULTZE, Der Treuhänder im geltenden Bürgerlichen Recht. In JHERINGS Jahrbüchern für die Dogmatik des Bürgerlichen Rechts, Band 43, Jena 1901.

SCHULZE, Die Staatsaufsicht über deutsche Hypothekenbanken. Greifswalder Dissertation 1912.

SEUFFERT, Die Pfandbriefgläubiger im Konkurs über das Vermögen einer Hypothekenbank. In der Zeitschrift für Deutschen Zivilprozeß, Bd. 27, S. 101 ff. Berlin 1900.

STERN, Die Schuldverschreibungsgläubiger im Konkurs der Hypothekenbanken. Würzburger Dissertation 1904.

TRUMPLER, Bodenkreditinstitute. In KOHLERS Enzyklopädie, Band 3. München, Leipzig, Berlin 1913.

WILLE, Die Rechtsstellung des Treuhänders im Hypothekenbankgesetz. Erlanger Dissertation 1909.

§ 1.

Sicherung der Pfandbriefgläubiger im allgemeinen.[1]

Hypothekenbanken sind Bodenkreditinstitute, bei welchen der Gegenstand des Unternehmens in der hypothekarischen Beleihung von Grundstücken und der Ausgabe von Schuldverschreibungen auf Grund der erworbenen Hypotheken besteht. Sicherung dieser Schuldverschreibungen, der sogenannten Hypothekenpfandbriefe oder Pfandbriefe schlechthin, ist die Hauptaufgabe des Hypothekengesetzes. Mannigfach sind die Mittel, die Sicherung wirksam auszugestalten. Zu diesem Zwecke hat das Gesetz vor allem den Kreis der Hypothekenbanken eingeschränkt: nur Aktiengesellschaften und Kommanditgesellschaften auf Aktien können, weil ihr Kapital durch die Vorschriften des Handelsgesetzbuches sichergestellt ist, Hypothekenbanken sein. Und nur Hypothekenbanken dürfen, abgesehen von einigen anderen öffentlichrechtlichen oder privatrechtlichen Verbänden Pfandbriefgeschäfte betreiben, d. h. auf Grund erworbener Hypotheken Schuldverschreibungen ausgeben. So sind die meisten juristischen und alle natürlichen Personen, die nicht die Garantien einer starken Kapitalsgrundlage bieten, von der Beteiligung am Pfandbriefgeschäfte ferngehalten. Zum Schutze der Pfandbriefgläubiger hat das Gesetz ferner die Hypothekenbanken unter Staatsaufsicht gestellt. Ausübung des Geschäftsbetriebes und Erhöhungen des Grundkapitals bedürfen staatlicher, meist bundesratlicher Genehmigung (§ 1 HBG.). Die fortlaufende vom Gliedstaate des

[1] Eine kurze einführende Darstellung der Hypothekenbanken gibt Cosack, Lehrbuch des bürgerlichen Rechts. 2. Band, S. 412ff.

Verwaltungssitzes der Hypothekenbank ausgeübte Aufsicht erstreckt sich über den gesamten Geschäftsbetrieb (§§ 3f. HBG.). Die Aufsichtsbehörde hat die Einhaltung aller zur Sicherung der Pfandbriefgläubiger erlassenen Vorschriften zu überwachen. So soll die Bank ihren Pfandbriefumlauf immer so niedrig halten, daß alle Pfandbriefe in Höhe des Nennwertes jederzeit durch Hypotheken von mindestens gleicher Höhe und gleichem Zinsertrage gedeckt sind (§ 6 HBG.) und daß gleichzeitig der fünfzehnfache Betrag des eingezahlten Grundkapitals und eines ausschließlich zur Deckung einer Unterbilanz sowie zur Sicherung der Pfandbriefgläubiger bestimmten Reservefonds nicht überschritten wird (§ 7 HBG.). Ferner soll sie den durch § 5 HBG. festgelegten Geschäftskreis einhalten. Nur in solche Geschäfte, die in keiner Weise geeignet sind, die Pfandbriefgläubiger zu gefährden, darf sie sich einlassen. Verboten sind ihr besonders Börsentermingeschäfte unter eigenem oder fremdem Namen.[1] Damit keine wertlosen Hypotheken als Grundlage der Pfandbriefausgabe verwendet werden, ist bestimmt, daß nur Grundstücke von sicherem Verkaufs- und dauerndem Ertragswert und daß sie nur an erster Stelle bis zu einer gewissen Höhe beliehen werden dürfen (§§ 11ff. HBG.). Die Bilanzen der Hypothekenbanken sollen noch weit mehr als die der anderen Aktiengesellschaften und Kommanditgesellschaften auf Aktien die Öffentlichkeit von der Geschäftslage unterrichten (§§ 24ff. HBG.). Schließlich hat das Gesetz im Treuhänder ein Organ geschaffen, das ausschließlich die Interessen der Pfandbriefgläubiger wahrzunehmen hat. Dieser, von der Aufsichtsbehörde ernannt und selbst ihrer Aufsicht unterstellt, hat namentlich darüber zu wachen, daß stets die nötige Deckung an Hypotheken für die Pfandbriefe vorhanden ist und die Deckungsgegenstände, besonders die Hypothekenbriefe, in seinen Mitverschluß gebracht werden (§ 29ff. HBG.).

Kommt es trotz aller dieser Vorschriften zum Zusammenbruch der Bank, so wird die Sicherheit der Pfandbriefe noch

[1] Für Hypothekenbanken, die bis zum 1. Mai 1898 gemäß den Bestimmungen ihrer Satzung Geschäfte in weiterem als dem in § 5 HBG. bezeichneten Umfang betrieben haben, ist in § 46 HBG. eine Ausnahme vorgesehen.

durch eine Reihe besonderer Konkursvorschriften gewährleistet, die eine so weitgehende Abweichung vom Regelkonkurs bedeuten, daß man von einem eigentümlichen Hypothekenbankkonkurse sprechen kann. Der § 35 HBG. gewährt den Pfandbriefgläubigern unter bestimmten Voraussetzungen ein Vorrecht in Ansehung der sogenannten Deckungsmasse, d. h. namentlich der Hypotheken, die als Grundlage für die Pfandbriefausgabe gedient haben. Infolge dieser Regelung spaltet sich der Konkurs einer Hypothekenbank, wenn auch nicht äußerlich[1], so doch innerlich in zwei getrennte Verfahren, die Befriedigung der Pfandbriefgläubiger aus der Deckungsmasse und die Befriedigung der sogenannten gemeinen Gläubiger aus dem sonstigen Vermögen der Bank. Auch hat das Schuldverschreibungsgesetz in den §§ 18f. über die Organisation der Pfandbriefgläubigerschaft im Konkurs eigene Vorschriften erlassen. Sie sind zwar allgemeinerer Natur. Sie gelten für jeden Gemeinschuldner, der Schuldverschreibungen der im § 1 dieses Gesetzes bestimmten Art ausgegeben hat. Da aber das Schuldverschreibungsgesetz mit besonderer Rücksichtnahme auf die Sicherung der Pfandbriefgläubiger erlassen worden ist, verdienen die betreffenden Vorschriften auch an dieser Stelle eine ausführliche Erörterung. Als Aktiengesellschaften oder Kommanditgesellschaften auf Aktien unterliegen die Hypothekenbanken im Konkurs natürlich auch den Besonderheiten der §§ 207f., 209ff. KO.

Alle diese Vorschriften erschöpfen aber die Fragen, die sich bei der Entwicklung eines Hypothekenbankkonkurses aufdrängen, keineswegs. So enthält das Hypothekenbankgesetz nichts darüber, welche Wirkungen die Konkurseröffnung auf die Aufsichtspflicht des Staates und auf die Tätigkeit des Treuhänders ausübt. Wie die Masseschulden und Massekosten zu behandeln sind., wird nur flüchtig gestreift. Vorsichtige Auslegung der besonderen und Anpassung der allgemeinen Konkursvorschriften an die Eigentümlichkeiten des Falles müssen das Fehlende ergänzen.

---

[1] Die Entwürfe von 1879 und 1880 sahen für die Befriedigung der Pfandbriefgläubiger ein besonderes Verfahren, die sogenannte Zwangsliquidation vor.

Der Hypothekenbankkonkurs einer Kommanditgesellschaft auf Aktien bietet dem einer Aktiengesellschaft gegenüber keine Besonderheiten. Im folgenden wird daher meist nur von letzterem die Rede sein.[1]

§ 2.

Die Konkursvoraussetzungen.

I. Die Konkursmöglichkeit.

Nur Aktiengesellschaften und Kommanditgesellschaften auf Aktien sind des besonderen Hypothekenbankkonkurses fähig. Sie sind es als solche aber auch dann, wenn sie mangels eines wesentlichen Erfordernisses nichtig sind. Sie sind es auch im Liquidationszustand und im Fusionsfalle bis zu der, wenn auch widerrechtlichen, Vereinigung beider Massen (§ 306 HGB.).[2] Die vor der Eintragung in das Handelsregister bestehende Gründergesellschaft ist dagegen den besonderen Vorschriften des Hypothekenbankkonkurses nicht unterworfen. Gleichgültig ist es, ob die staatliche Genehmigung zur Ausübung des Geschäftsbetriebes schon erteilt war. Die Genehmigung ist gewerberechtlicher Natur und bildet keine Vorbedingung für den Rechtsbestand der Hypothekenbank.[3] Doch dürfte dies kaum praktisch werden, da die Eintragung ins Handelsregister nur nach Beibringung der Genehmigung erfolgen soll (§§ 195 Nr. 6, 320 III HGB.).

Andere Verbände als Aktiengesellschaften und Kommanditgesellschaften auf Aktien sind, auch wenn sie Pfandbriefgeschäfte betreiben, keine Hypothekenbanken, unterliegen demnach auch nicht den Vorschriften des Hypothekenbankgesetzes. Insbesondere genießen die von ihnen ausgegebenen Pfandbriefe nicht das Vorrecht aus § 35 I HBG.

Einer ersten Gruppe von Rechtssubjekten außer den Hypothekenbanken ist das Pfandbriefgeschäft schlechthin untersagt. Es sind dies die offenen Handelsgesellschaften, die Kommandit-

[1] Seit dem Inkrafttreten des Hypothekenbankgesetzes sind Hypothekenbanken in der Form von Kommanditgesellschaften auf Aktien nicht mehr gegründet worden.

[2] Genaueres siehe Jaeger, Anm. 2 zu §§ 207f.

[3] Begr. S. 10.

gesellschaften, die Gesellschaften mit beschränkter Haftung und die Einzelpersonen (§ 2 HBG.). Obwohl nicht besonders erwähnt, sind hierzu auch die stillen Gesellschaften, die bürgerlichrechtlichen Gesellschaften und die Vereine ohne Rechtsfähigkeit zu zählen.[1] Doch sind die gegen das Verbot des § 2 HBG. ausgegebenen Pfandbriefe trotzdem nach den allgemeinen Regeln gültig. Die Vorschrift ist rein gewerberechtlicher Natur. Einer zweiten Gruppe von Nichthypothekenbanken, durch die die Zahl der in Frage kommenden Subjektsgestaltungen nach deutschem Recht erschöpft wird, ist das Pfandbriefgeschäft zwar gestattet, doch sind sie den Regeln des Hypothekenbankgesetzes nicht unterworfen. Dazu gehören zunächst wirtschaftliche Vereine, die ihre Rechtsfähigkeit durch staatliche Verleihung erhalten. Sie können auch nach dem Inkrafttreten des Hypothekenbankgesetzes neu gegründet werden.[2] Zweitens fallen hierunter gemäß der Ausnahmevorschrift des § 45 II HBG. diejenigen in das Genossenschaftsregister eingetragenen Genossenschaften, die vor dem 1. Mai 1896 gemäß den Bestimmungen ihrer Satzungen Pfandbriefgeschäfte betrieben haben.[3] Endlich sind in diese Gruppe die öffentlichrechtlichen Pfandbriefanstalten zu zählen, namentlich die preußischen Landschaften und die städtischen Pfandbriefämter.[4] Alle Rechtssubjekte der zweiten Gruppe unterliegen dem Recht des Gliedstaates ihres Verwaltungssitzes. Ihren Pfandbriefgläubigern kann das Landesrecht auf Grund der §§ 43 HBG., § 17 GKO. ein Vorrecht vor allen anderen Konkursgläubigern in Ansehung der Befriedigung aus den Hypotheken der Anstalt einräumen.

Inwieweit ausländische Anstalten, die im Inlande Pfandbriefgeschäfte betreiben, dem Hypothekenbankgesetz unterliegen, ist bestritten. Da es sich hier nur um den Konkurs handelt, so wird die Frage nur dann praktisch, wenn die ausländische

---

[1] Vgl. Dannenbaum, Anm. 4 zu § 2 HBG. mit ausführlicher Begründung.

[2] Begr. S. 10.

[3] Rehm, die Bilanzen der Aktiengesellschaften, S. 135, Anm. 4, rechnet diese Genossenschaften zu den Hypothekenbanken. Doch macht die Exemption vom Verbot des § 2 HBG. die Genossenschaft noch nicht zur Hypothekenbank im Sinne von § 1 HBG. Ebenso Stern, S. 4.

[4] Z. B. die Pfandbriefämter von Berlin, Dresden und Düsseldorf. Vielfach sind aber die städtischen Pfandbriefanstalten Einrichtungen des Privatrechts.

Anstalt die Geschäfte durch eine gewerbliche inländische Niederlassung abschließen läßt und so die Möglichkeit eines Inlandskonkurses nach § 238 KO. besteht. Unbestritten und unbestreitbar ist, daß diejenigen ausländischen Rechtssubjekte vom Hypothekenbankgesetz unberührt bleiben, die auch bei Anwendung des deutschen Rechtes auf sie keine Hypothekenbanken wären. Nur bei den ausländischen Aktiengesellschaften und Kommanditgesellschaften auf Aktien, die Pfandbriefgeschäfte betreiben, taucht die Frage auf, ob ihre inländische gewerbliche Niederlassung unter das Hypothekenbankgesetz fällt, also auch des eigentümlichen Hypothekenbankkonkurses fähig ist, immer vorausgesetzt, daß die ausländischen Rechtsgebilde unsern Aktiengesellschaften und Kommanditgesellschaften auf Aktien im wesentlichen entsprechen. Die Frage ist gemäß § 12 I GewO. zu verneinen, selbst wenn auf Grund von Handelsverträgen für das deutsche Reich eine völkerrechtliche Verpflichtung besteht, ausländische Hypothekenbanken zum Geschäftsbetrieb nach den im Inlande geltenden Bestimmungen zuzulassen. Denn das Hypothekenbankgesetz ist durchaus nur auf inländische Verhältnisse berechnet. Namentlich ist eine Staatsaufsicht über den gesamten Geschäftsbetrieb, also auch über die ausländische Zentrale, schlechterdings undurchführbar.[1]

Hypothekenbanken mit Verwaltungssitz in den deutschen Kolonien unterliegen gleichfalls dem Hypothekenbankgesetz nicht. Denn dessen Vorschriften sind nicht anwendbar, weil der § 11 HBG. die Beleihung auf inländische Grundstücke beschränkt (vgl. §§ 20 I KonsGG., § 3 SchutzgebG). Die Verhältnisse kolonialer Hypothekenbanken werden durch Verordnung des Reichskanzlers geregelt.[2]

[1] So Dannenbaum, Anm. 8 zu § 2 und Hillig, Anm. 8 zu § 1 (gegen Stern). Merzbacher, Anm. 1 zu § 1 läßt diejenigen Hypothekenbanken unter das Hypothekenbankgesetz fallen, deren Zulassung auf Grund eines völkerrechtlichen Vertrags erfolgt ist.

[2] Eine solche Verordnung ist für die Deutsch-Asiatische Bank in Tsingtau erlassen worden (24. I. 1910. Abgedruckt in Guttentags Sammlung der Kolonialgesetzgebung von Zorn-Sassen, S. 887). Sie ist im allgemeinen dem Reichshypothekenbankgesetz nachgebildet, sieht aber zur Sicherung der Pfandbriefgläubiger statt eines Konkursvorrechtes ein Pfandrecht vor, das durch Vertrag zwischen dem vom Reichskanzler bestellten Pfandhalter als

II. Die Konkursgründe.

Über das Vermögen einer Hypothekenbank, die in ihrer Eigenschaft als Aktiengesellschaft oder Kommanditgesellschaft auf Aktien auch den Vorschriften der §§ 207, 209 KO. unterworfen ist, wird außer im Falle der Zahlungsunfähigkeit auch wegen feststehender, nicht augenblicklich zu beseitigender Überschuldung der Konkurs eröffnet. Überschuldet ist eine Hypothekenbank aber nur dann, wenn die Pfandbriefdeckung und ihr übriges Aktivvermögen zusammen hinter der Summe der bevorrechteten und der nichtbevorrechteten Forderungen zurückbleiben. Ungenügende Deckung der Pfandbriefgläubiger durch die Deckungsmasse allein bildet keinen ausreichenden Eröffnungsgrund. Andererseits vermag auch eine Überdeckung bei allgemeiner Überschuldung den Pfandbriefgläubigern die unangenehmen Folgen des Konkurses nicht zu ersparen.

III. Der Konkursantrag.

Antragsrechte und Antragspflichten bestimmen sich nach den allgemeinen Regeln (§§ 208, 210 KO. 240 II, 298 II, 325 Nr. 8, 320 III HGB.). Die Aufsichtsbehörde hat kein Antragsrecht, jedoch kann sie den Vorstand (die persönlich haftenden Gesellschafter) und die Liquidatoren kraft ihres Aufsichtsrechtes im Wege des Verwaltungszwangsverfahrens nach Landesrecht zur Antragsstellung anhalten (§ 4, I HBG. vgl. § 3 Satz 2 HBG.)

§ 3.

Der Gemeinschuldner.

Über die Stellung, welche die Hypothekenbank selbst im Konkurs einnimmt, ist nichts Besonderes zu sagen. Es gelten auch bezüglich der Verdrängung der Bankorgane durch den Konkursverwalter und für ihre Tätigkeit außerhalb des Konkurses die allgemeinen Vorschriften über den Konkurs der Aktiengesell-

Vertreter der Pfandbriefgläubiger einerseits und der Bank andererseits begründet wird (§§ 14, 17, 18 dieser Verordnung). Eine besondere Konkursvorschrift enthält sie nicht.

schaften oder Kommanditgesellschaften auf Aktien. Nur bezüglich zweier den Hypothekenbanken eigentümlichen Einrichtungen ergeben sich Schwierigkeiten. Es sind dies die Institute der Staatsaufsicht und des Treuhänders.

1. Die Staatsaufsicht wird nach § 3 HBG. von dem Staate ausgeübt, in dessen Gebiet die Bank ihren Sitz hat, und zwar, wenn besondere Vorschriften des Landesrechts nicht vorhanden sind, von den allgemeinen Staatsbehörden.[1] Sie kann nach § 4 III HBG. einem Kommissar übertragen werden, der sie unter Leitung der Aufsichtsbehörde wahrzunehmen hat. Ihrer Natur nach gehört sie in das Gebiet der Wirtschaftspolizei.[2] Soweit sie gemäß der allgemeinen Amtspflicht nach Ermessen der Behörde nötig wird, ist sie Pflicht, nicht nur Recht der Behörde. Für einige Fälle ist die Pflicht ausdrücklich statuiert, so in den §§ 15 III, 22 II, 29, 33, 34, 42 HBG. Die Aufsicht erstreckt sich auf den ganzen Geschäftsbetrieb und dauert auch noch nach der Auflösung der Bank bis zur Beendigung der Liquidation fort. Der Zeitpunkt, von dem an die Aufsichtsbehörde ihre Tätigkeit zu entfalten hat, ist im Gesetz nicht festgelegt. Es hat dies zu geschehen, wenn die Bank ihren Geschäftsbetrieb aufgenommen hat, nötigenfalls auch schon vor der Erteilung der Genehmigung zu denselben.

Der § 4 HBG. regelt den Inhalt der Staatsaufsicht und die Mittel zu ihrer wirksamen Durchsetzung. Die Behörde ist befugt, alle Anordnungen zu treffen, um den Geschäftsbetrieb der Bank mit den Gesetzen, der Satzung und den sonstigen in verbindlicher Weise getroffenen Bestimmungen im Einklang zu erhalten. Ihre Anordnungen werden nötigenfalls im Wege des Verwaltungszwangsverfahren nach Landesrecht durchgesetzt. Insbesondere hat die Behörde darauf zu achten, daß die Pfandbriefausgabe nicht über das in den §§ 7 (41 II), 42 I, 46 II, 48 HBG. gesetzte Maximum ausgedehnt wird, und daß jederzeit das Verhältnis des Pfandbrief-

---

[1] Es herrscht eine starke Neigung, die Aufsicht der Einzelstaaten durch ein Reichsaufsichtsamt für Hypothekenbanken zu ersetzen. Vgl. z. B. die jährlichen Berichte von Robert Franz über Hypothekenbankenwesen im Deutschen Ökonomisten.

[2] So Budde S. 33 ff.

umlaufs zur Pfandbriefdeckung gewahrt bleibt. Der § 4 II HBG. führt einige besondere Befugnisse der Aufsichtsbehörde an, ohne diese erschöpfen zu wollen. Nach dem Wortlaut des § 4 I HBG. steht der Behörde lediglich ein formelles Aufsichtsrecht zu. Sie hat nur zu prüfen, ob die Tätigkeit der Bankorgane rechtlich unangreifbar ist. Über die wirtschaftliche Zweckmäßigkeit angeordneter Maßnahmen eine Entscheidung zu treffen, ist sie nicht ermächtigt. Auch die Rechte auf Berufung der Generalversammlung, auf Ankündigung von Gegenständen zur Beschlußfassung, ebenso die Rechte, die ihr das Schuldverschreibungsgesetz hinsichtlich der Berufung und des Vorsitzes in der Pfandbriefgläubigerversammlung gewährt, sollen der Aufsichtsbehörde nur als Mittel der Kontrolle dienen.[1] [2]

Wird über das Vermögen der Hypothekenbank Konkurs eröffnet, so steht man vor der Frage, ob die Staatsaufsicht überhaupt während der Dauer des Konkurses bestehen bleibt, und wenn dies der Fall ist, in welchem Umfange sie fortdauert.[3] Daß sie nach Ansicht des Gesetzgebers weiter wirken soll, ergibt sich aus der im § 4 Nr. 3 HBG. getroffenen Regelung der Aufsichtsbefugnisse in Ansehung der Generalversammlung, deren Fortexistenz während des Konkurses außer Zweifel steht. Auch der § 18 II SVG. räumt der Behörde das Recht ein, während des Konkurses die Berufung der Pfandbriefgläubiger zu beantragen,

---

[1] Vgl. Budde II S. 41: „Ein materielles Aufsichtsrecht steht der Behörde nicht zu; die in § 4 II HBG. geregelten Befugnisse dienen lediglich zur Prüfung zwecks formeller Kontrolle."

[2] Neuerdings hat man vielfach eine andere Unterscheidung zwischen formeller und materieller Staatsaufsicht gefunden, und zwar derart, daß unter ersterer hauptsächlich die Tätigkeit des Treuhänders verstanden wird, während letztere die übrige Aufsicht umfassen soll. Im Gesetz findet aber eine solche Unterscheidung keine genügende Grundlage und praktisch ist sie wertlos. Ebenso ist sie logisch anfechtbar. Das einzige Unterscheidungsmerkmal, das gefunden werden kann, würde in der Tatsache liegen, daß sich die formelle Aufsicht um mehr äußerliche Dinge zu kümmern habe, z. B. um ordnungsgemäße Führung des Hypothekenregisters. Aber das kann doch unmöglich zur Bildung juristischer Begriffe ausreichen.

[3] Dannenbaum, Anm. 35 zu § 35: „Die Staatsaufsicht erlischt bis auf die im § 18 IV SVG. gegebenen Befugnisse." Ebenso Lothar Schulze S. 47. Stern S. 70 läßt die Frage offen.

setzt also offenbar den Fortbestand der Staatsaufsicht nach der Konkurseröffnung voraus. Trotzdem ist dieser verneint worden, und zwar namentlich auf Grund von § 3 Satz 3 HBG. Aus der besonderen Anführung der Tatsache, daß die Staatsaufsicht für den Fall der Liquidation fortdauert, wird argumento e contrario das Gegenteil für den Fall des Konkurses geschlossen. Doch ist diese Folgerung nicht zwingend.[1]

Jedenfalls tritt eine Beschränkung der Staatsaufsicht durch die Konkurseröffnung ein, da der Konkursverwalter, der die Verwaltungs- und Verfügungsmacht über die Konkursmasse an Stelle des Gemeinschuldners ausübt, nach den §§ 83, 84 KO. unter der Aufsicht und Disziplinargewalt des Konkursgerichtes steht. Es ist undenkbar, daß er gleichzeitig in derselben Angelegenheit auch den Weisungen der Aufsichtsbehörde Folge zu leisten hätte. Wie aber der Konkurs den Gemeinschuldner, auch eine Aktiengesellschaft, an und für sich in der Rechts- und Geschäftsfähigkeit unberührt läßt, so bringt er auch die Aufsichtsgewalt als solche nicht dadurch zum Erlöschen, daß er einzelne ihrer Funktionen auf das Konkursgericht überträgt. In ihrer Totalität, die etwas anderes bedeutet als die Summe der Einzelfunktionen, bleibt die Staatsaufsicht von der Konkurseröffnung unberührt.

Der Fortbestand der Staatsaufsicht entspricht aber auch den Verkehrsbedürfnissen. Sonst wäre gerade in der gefährlichsten Zeit die ganze Tätigkeit der Bankorgane außerhalb des Konkurses — und diese Tätigkeit kann sehr bedeutungsvoll sein — jeglicher Kontrolle entzogen. Insbesondere ist immer damit zu rechnen, daß die Generalversammlung, etwa um der Bank die wertvolle Konzession zum Geschäftsbetrieb zu erhalten, nach § 207 II HGB. eine Fortsetzung der Gesellschaft beschließt. Schon im Hinblick auf diese Möglichkeit muß die Aufsichtsbehörde auf dem Laufenden bleiben. Ferner ist eine Regelung des Verhältnisses zwischen

---

[1] Siehe Stern S. 69 zu Anm. 33. Auch die Begründung (S. 22) unterstützt diese Ansicht nicht: „Die Bestimmung des § 3 Satz 3 .... schließt die Annahme aus, daß mit der rechtlichen Auflösung der Gesellschaft .... und mit der infolgedessen eintretenden Beschränkung des Gewerbes die staatliche Aufsicht ihr Ziel erreicht habe.“ Daraus läßt sich ebensogut das Gegenteil entnehmen.

Bank und Treuhänder ohne Fortbestand der Staatsaufsicht nicht denkbar (§ 29 II HBG.).[1] Nur sie kann den Treuhänder abberufen, kann etwaige Streitigkeiten zwischen ihm und der Bank oder dem Konkursverwalter entscheiden. Nur sie kann für den Fall der Fortsetzung der Hypothekenbank nach § 307 II HGB. schon vor der Konkursbeendigung einen neuen Treuhänder bestellen, damit er gleich nach dem Konkurs in Ansehung der Deckungsmasse seine Sicherungstätigkeit zugunsten der Pfandbriefgläubiger aufnehmen kann. Auch in betreff etwaiger Sanierungsmaßnahmen wird die Tätigkeit der Behörde sehr wünschenswert sein. Es beschließt z. B. die Generalversammlung zur Ermöglichung einer Sanierung der Hypothekenbank eine Kapitalserhöhung, um sich auf diesem Wege Mittel zu verschaffen, die vom Konkursbeschlag nicht betroffen werden.[2] In Ansehung eines solchen Neuerwerbes ist die Bank unbeschränkt durch den Konkursverwalter und das Konkursgericht. Nach § 3 Satz 3 HBG. muß sich aber auch in Ansehung dieses Neuerwerbs der Staatsaufsicht, die sich über den ganzen Geschäftsbetrieb erstrecken soll, unterworfen sein. Eine ähnliche Gestaltung der Lage ergibt sich, wenn eine fusionierte Hypothekenbank vor der Vereinigung der Vermögensmasse in Konkurs verfällt. Ein solcher Konkurs ist Sonderkonkurs der Übernehmerin.[3] Ihr ursprüngliches Vermögen ist dem Einfluß von Konkursgericht und Konkursverwalter entzogen, deshalb muß sie auch in Ansehung dieses Vermögens der Staatsaufsicht unterworfen bleiben. In solchen und ähnlichen Fällen, die sich noch beibringen lassen, ergibt sich die rechtliche Notwendigkeit des Fortbestandes der Aufsicht aus der Forderung des § 3 Satz 3 HBG., daß sich die Aufsicht auf den *ganzen* Geschäftsbetrieb zu erstrecken habe, während nur ein *Teil* des Geschäfts- bzw. Abwicklungsbetriebes vom Konkursverwalter übernommen und so der Aufsicht des die Verwaltungsbehörde verdrängenden Gerichts unterworfen wird.

---

[1] Vgl. hierzu die Ausführung über den Fortbestand der Treuhändertätigkeit unten S. 13.

[2] In betreff der Möglichkeit einer solchen Kapitalserhöhung während des Konkurses siehe Jaeger Anm. 28 zu §§ 207f.

[3] Jaeger, Anm. 2 zu §§ 207f.

Um ihre Aufgabe auch während des Konkurses zweckentsprechend erfüllen zu können, bedarf die Behörde genauer Kenntnisse über den jeweiligen Stand der Dinge. Man wird ihr deshalb das Recht aus § 4 Nr. 2 HBG., von den Verwaltungsorganen der Bank Auskunft über alle Geschäftsangelegenheiten zu verlangen, auch gegenüber dem diese Organe verdrängenden Konkursverwalter analog zugestehen müssen.

Im Ergebnis also: In einzelnen Funktionen ihrer Tätigkeit wird zwar die Aufsichtsbehörde im Augenblicke der Konkurseröffnung vom Konkursgerichte abgelöst, die Staatsaufsicht aber als Institut an sich, in ihrer Totalität, bleibt auch während des Konkurses bestehen. Es ist deshalb, falls nach § 4 III HBG. ein Kommissar bestellt ist, auch für die Zeit nach der Konkurseröffnung eine Forderung der Staatskasse zur Vergütung des Staatskommissars gegen die Bank begründet. Doch ist dieser Anspruch, vom Zeitpunkte der Konkurseröffnung aus betrachtet, ein zukünftiger, nicht ein bedingter, da er als Entgelt einer zu bewirkenden Leistung fort und fort neu entsteht. Er kann daher im Konkursverfahren nicht geltend gemacht werden, ist aber doch eintreibbar, wenn beschlagfreies Vermögen vorhanden ist, oder die Hypothekenbank nach § 307 II HGB. fortgeführt wird. In letzterem Falle ist auch eine Neuernennung des Staatskommissars nicht erforderlich. Der für die Zeit vor dem Konkurse rückständige Vergütungsanspruch ist einfache Konkursforderung.

2. In ganz ähnlicher Weise ist die Frage zu lösen, welchen Einfluß die Konkurseröffnung auf die Stellung des Treuhänders ausübt. Der Treuhänder ist dasjenige Organ, dem die Wahrung der Interessen der Pfandbriefgläubiger zur besonderen Pflicht gemacht ist. Er wird von der Aufsichtsbehörde ernannt und steht auch selbst unter ihrer Aufsicht (§§ 29 III HBG.).[1] Denn wenn er auch nicht als Organ der Bank bezeichnet werden kann, so bildet doch seine Tätigkeit einen Teil des Geschäftsbetriebes. Seine Hauptaufgaben sind folgende: Er hat darauf zu achten, daß immer die vorschriftsmäßige Deckung für die Pfandbriefe vorhanden ist (§ 30 I HBG.). Damit ist es ihm auch zur Pflicht

[1] Gegen Stern S. 67f.

gemacht, die Führung des Hypothekenregisters (§ 22 HBG.) zu überwachen. Denn nur dann, wenn die Hypotheken in dieses Register eingetragen sind, können sie im Konkurs der Vorzugsbefriedigung der Pfandbriefgläubiger dienen. Soll eine solche Eintragung gültig gelöscht werden, so muß der Treuhänder seine schriftliche Genehmigung erteilen (§ 30 IV HBG.). Ferner hat er die Urkunden für die in das Hypothekenregister eingetragenen Hypotheken unter dem Mitverschluß der Bank zu verwahren (§ 31 I HBG.) und die Pfandbriefe vor der Ausgabe mit einer Bescheinigung über das Vorhandensein der vorschriftsmäßigen Deckung und über die Eintragung in das Hypothekenregister zu versehen (§ 30 III HBG.). Kommt er diesen Pflichten nicht nach, so haftet er den Pfandbriefgläubigern nach § 823 II BGB. wegen Verletzung eines Schutzgesetzes.

Die rechtliche Natur der Treuhänderschaft ist bestritten.[1] Das Gesetz selbst bietet nur geringe Anhaltspunkte für die Beurteilung dieser Frage. Da sich die Treuhänderschaft ohne große Schwierigkeiten nicht in einer der vorhandenen juristischen Konstruktionen unterbringen läßt, so muß man sie als Rechtseinrich-

[1] Der Treuhänder wird bezeichnet als aktiver und passiver Vertreter der Pfandbriefgläubiger hinsichtlich eines diesen auch außerhalb des Konkurses zustehenden Wertrechts (so Kohler, Bankarchiv VI, S. 124). Etwas Ähnliches beabsichtigte allerdings der Entwurf des Hypothekenbankgesetzes in seinem § 28, der einen Vertreter der Pfandbriefgläubiger geschaffen hatte und durch die Pfandbriefgläubigerversammlung bestellt wissen wollte. Der Ansicht Kohlers ist namentlich Göppert, (Anm. 1 zu § 29) mit dem Argument wirksam entgegengetreten, daß ein Hauptteil der Treuhändertätigkeit, namentlich die Bescheinigung über das Vorhandensein der vorschriftsmäßigen Deckung nach § 30 III HBG., vor die Ausgabe der Pfandbriefe fällt. Ferner ist der Treuhänder bezeichnet worden als Beauftragter der Aufsichtsbehörde. Man war offenbar durch die Aussicht verleitet, auf diese Weise die Vorschriften des Bürgerlichen Gesetzbuches über den Auftrag nutzbar machen zu können. Dagegen spricht aber namentlich der Umstand, daß die Behörde, also die Auftraggeberin, gemäß § 33 HBG. in eigner Sache entscheiden möchte (so Stern, S. 67). Mit der im Texte vertretenen Ansicht stimmen im wesentlichen überein Stern, S. 67, Alfred Schultze in Iherings Jahrbüchern S. 96ff., Hecht bei Kohler, S. 1091 (er ist kraft seiner Bestellung durch obrigkeitlichen Akt Subjekt eigner im Gesetz bestimmter schuldrechtlicher Beziehungen in fremdem Interesse), Dannenbaum, Anm. 9 zu § 29, Merzbacher, Anm. 1 zu § 29.

tung eigener Art auffassen. Die Stellung des Treuhänders läßt sich am besten so kennzeichnen: er ist befähigt, innerhalb der vom Gesetz gezogenen Schranken fremde Interessen, nämlich die der Pfandbriefgläubiger, als eigene Rechte im eigenen Namen gegenüber der Hypothekenbank geltend zu machen.

Um die Stellung des Treuhänders im Konkurse richtig beurteilen zu können, muß man auch hier wieder die einzelnen Funktionen seiner Tätigkeit scheiden von dem Amt als Ganzes, von dessen Fortbestand namentlich der Anspruch auf Vergütung abhängig ist.[1] In die einzelnen Funktionen tritt allerdings kraft der allgemeinen Konkursvorschriften der Konkursverwalter fast ohne Ausnahme ein. Auf ihm lastet nunmehr, von Ausnahmefällen abgesehen, allein die Pflicht, die Deckungsmasse solange unversehrt zu erhalten, bis die Pfandbriefgläubiger daraus befriedigt sind. Trotzdem ist damit noch nicht der Grund zum Erlöschen der Stellung des Treuhänders überhaupt gegeben.[2] Abgesehen von Tod und Amtsniederlegung sieht das Gesetz als einzigen Erlöschungsgrund den Widerruf der Bestellung des Treuhänders durch die Aufsichtsbehörde vor. Bricht der Konkurs aus, so kann nun die Behörde den Treuhänder entweder abberufen (seine Pflicht zur Herausgabe der Deckungsmasse und zur Auskunfterteilung dem Konkursverwalter, dem Gläubigerausschuß und der Gläubigerversammlung gegenüber wird dadurch nicht berührt, (vgl. § 100 KO.) oder sie kann, namentlich wenn begründete Aussicht auf Rettung des Unternehmers besteht, ihn auch in seiner Stellung belassen und ihm so Gelegenheit geben, sich kraft seines Auskunftsrechtes, das man ihm in entsprechender Anwendung des § 32 I HBG. auch gegenüber dem Konkursverwalter ein-

---

[1] Derartige Unterscheidungen des Ganzen von seinen einzelnen Äußerungen sind unserm Rechte durchaus nicht fremd. So kann z. B. dem elterlichen Gewalthaber sowohl die Sorge für die Person als auch für das Vermögen des Kindes als auch die Nutznießung am Kindesvermögen entzogen werden, ohne daß dadurch die elterliche Gewalt als Ganzes erlischt.

[2] Die herrschende Meinung zieht aus dem Eintreten des Konkursverwalters in die einzelnen Funktionen des Treuhänders den Schluß, daß das Amt mit der Konkurseröffnung überhaupt erlösche. So z. B. Dannenbaum, Anm. 15 zu § 29, Göppert, Vorbemerkungen zu § 35. Ähnlich wie hier, doch ohne Begründung, Hillig, Anm. 9 zu § 35.

räumen muß, auf dem Laufenden zu erhalten und im Falle der Fortsetzung der Hypothekenbank den Konkursverwalter abzulösen, so daß die Deckungsmasse nicht einen Augenblick ohne Schutz bleibt. Die Vergütungsfrage ist im Streitfall von der Aufsicht nach billigem Ermessen zu regeln. Etwaige Vergütungsforderungen für die Zeit nach der Konkurseröffnung sind im Konkurs nicht verfolgbar, da sie, wie die Ansprüche des Staates zwecks Vergütung des Kommissars nicht bedingt, sondern zukünftig sind Was die Forderung für die Zeit vor der Konkurseröffnung betrifft, so hindert der Ausschluß des Rechtsweges die Verfolgbarkeit nicht.[1] Wird sie bestritten, so erfolgt die Eintragung des Feststellungsergebnisses auf Grund einer Entscheidung der Verwaltungsbehörde (§ 146 V KO.). Der Anspruch ist gewöhnliche Konkursforderung, nicht bevorrechtet, da er nicht aus einem Dienstvertrag entsprungen ist.

Entsprechendes gilt für den Vertreter des Treuhänders. Ist ein Kommissar mit der Überwachung der Hypothekenbank betraut und sind ihm auch die Pflichten eines Treuhänders gemäß § 51 HBG. übertragen, so macht dies keinen Unterschied.

§ 4.
Die Konkursmasse.

Die Konkursmasse zerfällt, was einerseits das Verhältnis zwischen dem Gemeinschuldner und der Gesamtheit der Konkursgläubiger, andererseits das Verhältnis zwischen den Pfandbriefgläubigern und den sonstigen Konkursgläubigern untereinander betrifft, in zwei Teile, in die Deckungsmasse und die gemeine Masse.[2] Erstere dient zur Vorzugsbefriedigung der Pfandbrief-

---

[1] Ob hinsichtlich dieser Forderung der Rechtsweg ausgeschlossen ist, wird bestritten. DANNENBAUM, Anm. 3 zu § 34. Für ihn spricht allerdings die Stellung des § 34 hinter § 33 HBG. Wie hier ALFRED SCHULTZE in JHERINGS Jahrbüchern Bd. 43, S. 98.

[2] Deckungsmasse bezeichnet die Zugehörigkeit zu der Masse, aus der die Vorzugsbefriedigung der Pfandbriefgläubiger erfolgt; Pfandbriefdeckung die Zugehörigkeit zu dem Inbegriff von Gegenständen, die als Grundlage der Pfandbriefausgabe und des Pfandbriefumlaufs dienen. Beide Begriffe

gläubiger, während der Erlös der letzteren auf die übrigen Gläubiger und auch auf die Pfandbriefgläubiger, soweit sie aus der Deckungsmasse keine Befriedigung erhalten oder auf Vorzugsbefriedigung verzichtet haben, zur Verteilung zu bringen ist.

I. Die maßgebende Gesetzesstelle, der § 35 HBG., bestimmt zwingend, welche Gegenstände überhaupt fähig sind, Deckungsmasse zn sein und welche Umstände im Einzelfalle ihre Zugehörigkeit zur Deckungsmasse begründen. Abweichungen von diesen Vorschriften, auch wenn sie in der Satzung der Hypothekenbank oder der Anweisung (13 HBG.) über die Wertermittlung durch Vertrag bei der Pfandbriefausgabe festgelegt sind, bleiben rechtlich wirkungslos. Die Fähigkeit, Deckungsmasse zu sein, eignet in erster Linie hypothekarisch gesicherten Forderungen, denen Grundschulden in jeder Beziehung gleichgestellt sind. Dagegen können Rentenschulden regelmäßig nicht zur Deckungsmasse gezogen werden,[1] niemals ein Reservefond, auch wenn er durch die Satzung ausdrücklich zur Sicherung der Pfandbriefgläubiger bestimmt ist. Die Zugehörigkeit znr Deckungsmasse wird durch Eintragung in das Hypothekenregister begründet, doch muß die Eintragung die einzelnen Hypotheken oder Grundschulden individuell aufführen; eine generelle Eintragung (etwa 10000000 Mk. Hypotheken) genügt nicht. Die Hypotheken können durch Begründung oder durch Übernahme erworben sein, sie können an Grundstücken ebenso gut wie an grundstücksgleichen Rechten begründet sein. Gleichgültig für die Zugehörigkeit zur Deckungsmasse ist, ob sie den Beleihungsvorschriften der §§ 11ff. HBG entsprechen. Es wäre widersinnig, wenn die Übertretung der Vorschriften, welche die Sicherung der Pfandbriefgläubiger gewährleisten sollen, den Umfang der Deckungsmasse verringern würde. Es gehört demnach auch die Hypothek an einem ausländischen Grundstück zur Deckungsmasse, vorausgesetzt, daß das ausländische Institut unserer Hypothek im wesentlichen entspricht. Gleichgültig ist ferner, ob der Treuhänder

---

sind streng zu scheiden. Die Pfandbriefdeckung ist zwar immer Deckungsmasse, die Deckungsmasse aber auch im regelmäßigen Geschäftsbetriebe durchaus nicht immer ihrer ganzen Ausdehnung nach Pfandbriefdeckung.

[1] Ausnahme § 52, HBG.

die Urkunden über die Hypotheken gemäß der Vorschrift des § 31 I HBG. in Mitverschluß hat oder nicht. Solche Urkunden sind nach der Begründung S. 48 in erster Linie die zur Verfügung über die Hypothek erforderlichen Urkunden, also besonders die Hypothekenbriefe, in deren Ermangelung solche Urkunden, die der Bank zum Beweise ihrer Rechte dienen, wie Schuldurkunden oder Grundbuchauszüge. Die Löschung im Register ohne schriftliche Zustimmung des Treuhänders hebt die Zugehörigkeit der gelöschten Hypothek zur Deckungsmasse nicht auf (§ 30 IV HBG.). Es liegt kein Grund vor, warum man Hypotheken nicht teilweise zur Deckungsmasse ziehen könnte. Hat die Bank z. B. ein Grundstück so hoch beliehen, daß die Hypothek teilweise nicht mehr geeignet ist, als Grundlage zur Pfandbriefausgabe zu dienen, so trägt sie die Hypothek in ihrer ganzen Höhe in das Register ein und fügt eine Bemerkung hinzu, die besagt, in welcher Höhe die Hypothek nicht mehr zur Deckungsmasse gehören soll. Das Verfahren kann, obwohl es im Gesetz nicht ausdrücklich erwähnt ist, unbedenklich zugelassen werden. Ein Mißbrauch ist nicht zu befürchten. Wohl aber werden Kosten gespart, da die Bank, um ihren Zweck zu erreichen, sich sonst zwei Hypotheken bestellen lassen müßte. Hingegen unterliegt eine Hypothek oder Grundschuld, welche der Bank an einem Grundstück zusteht, das sie zur Verhütung eines Verlustes erworben hat, in ihrer ganzen Höhe der Vorzugsbefriedigung, wenn sie auch nur bis zur Hälfte dieses Betrages als Pfanddeckung dienen darf (vgl. §§ 6 III, 40 II HBG.).

Zur Deckungsmasse gehören auch hypothekarisch gesicherte Zins- und Zinseszinsforderungen (§ 248 II BGB.). Dagegen gehören außerhalb des Konkurses die auf Grund dieser Forderung gezahlten Gelder nicht ohne weiteres dazu. Deren bedarf die Bank, um ihrerseits die Zinsen an die Pfandbriefgläubiger zu entrichten. Ebensowenig ist an und für sich das zwecks Tilgung der Kapitalschuld vom Hypothekenschuldner zurückgezahlte Geld zur Deckungsmasse zu rechnen. Dies ergibt sich unzweifelhaft aus der Vorschrift des § 31 II Satz 2 HBG., derzufolge die Bank solches Geld dem Treuhänder zum Mitverschluß zu übergeben hat, um es gleichfalls der Vorzugsbefriedigung der Pfandgläubiger zu unterwerfen.

Außer Hypotheken- und Grundschulden sind Wertpapiere und Geld fähig, Deckungsmasse zu sein. Hinsichtlich der Wertpapiere beschränkt sich dies durchaus nicht nur auf Schuldverschreibungen des Reichs oder eines Bundesstaates, denn ob ein Gegenstand fähig ist, Deckungsmasse zu sein, ist lediglich aus § 35 I HBG. zu entnehmen. Der § 6 IV HBG. bestimmt nur die Fähigkeit, Pfanddeckung zu sein. So ist es denkbar, daß gegen die Vorschrift des § 6 IV selbst einmal Wechsel oder Schecks zur Deckungsmasse gehören. Für die Wertpapiere gilt Ähnliches wie für die Hypotheken. Die Eintragung in das Register begründet die Zugehörigkeit zur Deckungsmasse. Löschungen ohne schriftliche Genehmigung des Treuhänders heben die Zugehörigkeit nicht auf. Sie unterliegen dem Vorrecht mit ihrem ganzen Wert, obgleich sie nur mit einem Wert, der um 5 % des Nennwertes unter ihrem jeweiligen Börsenpreis bleibt, als Pfanddeckung dienen sollen. Geld muß dagegen dem Treuhänder durch Vertrag zwischen ihm und der Hypothekenbank zur Verwahrung übergeben sein, wenn es zur Deckungsmasse gehören soll[1], gleichgültig, ob zu Alleinbesitz oder zu Mitverschluß mit der Bank.[2] Dabei muß ausgemacht werden, daß das Geld zum Zwecke der Begründung der Zugehörigkeit zur Deckungsmasse übergeben wird, da es sonst an einem Erkennungsmerkmal für die Zugehörigkeit fehlen würde.[3] Aufgehoben wird die Deckungseigenschaft durch Rückgabe des Geldes von Seiten des Treuhänders an die Bank. Unfreiwilliger Besitzverlust genügt nicht, da der § 35 I HBG. Zugehörigkeit von Geld zur Deckungsmasse nicht auf den bloßen Besitz, sondern auf das Bestehen des einem Verwahrungsvertrag ähnlichen Rechtsverhältnisses zwischen Treuhänder und Bank hinsichtlich dieses Geldes abstellt.

Bezüglich aller zur Deckung geeigneten Gegenstände gilt aber, daß sie im Einzelfalle nur insoweit der Deckungsmasse an-

---

[1] Warum Kohler im Bankarchiv VI, S. 124 annimmt, daß es schon genügend sei, wenn das Geld an irgend einer Stelle der Bank zum Zwecke der Lückenausfüllung in der Deckung erkennbar aufbewahrt werde, ist unerfindlich.

[2] Anderer Ansicht wohl Dannenbaum, Anm. 16 zu § 35.

[3] Stern, S. 49.

gehören, als sie der Bank als Eigentum zustehen und nicht mit fremden Rechten belastet sind. Werden sie, wenn sie schon zur Deckungsmasse gezogen sind, veräußert, belastet oder gepfändet, so erlischt insoweit ihre Zugehörigkeit zur Deckungsmasse.

II. Eine eigentümliche, zunächst nur rechnerische Verminderung erfährt die Deckungsmasse durch die Vorschrift des § 35 III:

> Gehören zur Konkursmasse eigene Hypothekenpfandbriefe der Bank, die von dieser dem Bestande an Wertpapieren zugeschrieben sind, so werden sie bei der Berechnung der auf die einzelnen Hypothekenpfandbriefe fallenden Anteile an dem Erlös aus den im Abs. 1 bezeichneten Gegenstände mitgezählt.

Dazu ist zu bemerken, daß der § 35 II HBG. den Hypothekenbanken den Ankauf ihrer eigenen Pfandbriefe auch im regelmäßigen Geschäftsverkehr gestattet. Es handelt sich im § 35 III nicht etwa um Pfandbriefforderungen der Bank gegen ihre eigene Deckungsmasse[1], so daß sie am Erlös derselben teilnähme, dieser aber nunmehr den Gemeingläubigern zugute käme. Das Gesetz geht vielmehr von den Anteilen der Pfandbriefgläubiger aus und schafft eine Fiktion dahin, daß eigene dem Wertpapierbestand zugeschriebenen Pfandbriefe bei der Berechnung der Anteile so behandelt werden sollen, als ob sie in fremden Händen wären, setzt also geradezu voraus, daß eigene Pfandbriefe, gleichgültig, ob man die in ihnen verbrieften Forderungen als ruhend oder als erloschen anzusehen habe, im Konkurs keine Rolle spielen. Daraus ergibt sich als selbstverständlich, daß die Bank nicht die Stellung eines Konkursgläubigers einnimmt, insbesondere kein Stimmrecht in der Gläubigerversammlung hat.

Nach Ansicht der Begründung zu § 6 sollte der Zweck dieser Vorschrift der sein, einer unbilligen Benachteiligung der gemeinen Gläubiger vorzubeugen. Doch dazu kann sie unmöglich dienen. Denn reicht die Deckungsmasse für die Auszahlung der Pfandbriefe, die sich nicht in Händen der Bank befinden, nicht aus,

[1] Auf diesem Standpunkt steht Stern, S. 56ff. (vgl. Jaeger, Anm. 22 zu § 3); dagegen sicher Dannenbaum, Anm. 22 zu § 35.

so dürfen eigene Pfandbriefe dem Bestand an Wertpapieren nicht zugeschrieben werden, da dies eben eine rechnerische Verminderung der Deckungsmasse bedeuten würde. Es ist ein merkwürdiger Widerspruch, wenn die Bank zwar die unzulängliche Deckungsmasse sofort auf die gesetzliche Höhe bringen soll (und dies kann sie nur dadurch, daß sie den gemeinen Gläubigern Befriedigungsgegenstände für den Konkurs entzieht), daß es aber die Begründung als ein Gebot der Billigkeit bezeichnet, daß die Bank durch Pfandbriefzuschreibungen die Deckungsmasse zuungunsten der Pfandbriefgläubiger und zugunsten der gemeinen Gläubiger verringert. Der Treuhänder hat nach § 30 I HBG. darauf zu achten, eventuell durch Anzeige an die Aufsichtsbehörde darauf hinzuwirken, daß solche Buchungen nicht vorgenommen, bereits vorgenommene wieder gelöscht würden. Das Bestandsverzeichnis der Wertpapiere gehört deshalb zu den Büchern der Bank, welche der Treuhänder nach § 32 I HBG. einzusehen das Recht hat. Die Bank ist verpflichtet, von allen Pfandbriefeintragungen dem Treuhänder nach § 32 II HBG. Mitteilung zu machen. Ist nun aber die Deckungsmasse ausreichend, so bedarf es dieser Vorschrift nicht; denn eine Überdecknng würde ja doch den gemeinen Gläubigern zugute kommen. Also kann der Zweck nur der sein, der Bank zu ermöglichen, das Verhältnis zwischen der Deckungsmasse und den in fremden Händen befindlichen Pfandbriefen unter Umgehung des Treuhänders selbst zu regulieren.

Bei dem Ausdruck „eigene Pfandbriefe“ dachte die Begründung S. 56 lediglich an solche Pfandbriefe, die die Bank zwecks Anlage verfügbarer Gelder nach § 6 II HBG. angekauft hat. Jedoch sind auch solche Pfandbriefe hierunter zu rechnen, die die Bank zu anderen Zwecken erworben hat, sogar die zum Zwecke der Einziehung erworbenen.[1] Soche scheiden aus dem Pfandbriefumlauf erst durch Übergabe von der kaufmännischen Abteilung der Bank an die Hypothekenabteilung aus, unter Umständen, wenn diese Abteilungen nicht genügend getrennt sind,

[1] Eine erschöpfende Aufzählung aller Möglichkeiten des Vorkommens eigener Pfandbriefe findet sich bei STERN, S. 57ff. Dieser rechnet auch die noch nicht ausgegebenen und die eingelösten Pfandbriefe hierher. Nur müßten erstere mit der Ausgabebescheinigung des Treuhänders versehen sein.

erst mit der Vernichtung. Davon sind zu unterscheiden, die eingelösten[1] und die noch nicht ausgegebenen Pfandbriefe. Ihre Eintragung in das Bestandsverzeichnis von Wertpapieren begründet eine Verminderung der Deckungsmasse aus dem Grunde nicht, weil sie überhaupt keine Pfandbriefe mehr sind.[2]

[1] Die Einlösung ist von den anderen möglichen Erwerbsarten banktechnisch scharf geschieden. Der eingelöste Pfandbrief wird vom Pfandbriefkonto abgeschrieben, der andere erworbene bleibt dort stehen, wird aber dem Effektenkonto zugeschrieben.

[2] Vom Standpunkte der Vertragstheorie aus. Die herrschende Kreationstheorie führt allerdings zum gegenteiligen Ergebnis. JAEGER behauptet dagegen in Anm. 22 zu § 3, daß auch vom Standpunkte der Kreationstheorie aus die Forderung erst dann entstehe, wenn ein Dritter das Eigentum an dem Wertpapier erwirbt. Eine Ausnahme sei aber hinsichtlich der hier behandelnden Frage für Pfandbriefe eben durch die Vorschrift des § 35 III HBG. gemacht. Doch wie man sich auch dazu stellen mag, sollte es wirklich möglich sein, durch einen Federstrich unter Umgehung des Treuhänders die Deckungsmasse, auf deren Sicherung das Gesetz sonst ängstlich bedacht ist, um Millionen zu vermindern? Denn derartige Pfandbriefe sind häufig in Masse vorhanden, während der Bestand der von der Bank erworbenen Pfandbriefe geringer sein wird, und eine solche Handlungsweise wäre nicht einmal unter Strafe gestellt, weder nach § 37 II HBG., denn dieser fordert eine Verfügung über einen einzelnen Deckungsgegenstand, wenn man überhaupt diese Zuschreibung als Verfügung ansehen will, noch nach § 38 HBG., selbst wenn die Pfandbriefe mit der Treuhänderbescheinigung versehen sind, da die Zuschreibung keine Ausgabe ist, noch nach § 312 HGB., da ja der Bank ein unmittelbarer Schade nicht erwachsen wäre. Entsprechendes gilt für Orderpfandbriefe.

In der Praxis der Hypothekenbanken kümmert man sich freilich um diese Erwägungen nicht. So wendet man z. B. für die Pfandbriefe, die die Bank weniger zwecks Anlage überflüssiger Gelder als zu Kursregulierung angekauft hat — die Summe ihrer Nennwerte beträgt häufig mehr als eine Million —, folgende Bilanzierungsmethode an. Man bucht am Tage vor Abschluß die eigenen Pfandbriefe vom Effektenkonto und vom Pfandbriefkonto ab und setzt sie dadurch außer Umlauf, so daß nun in der Bilanz nur die in dritten Händen befindlichen Pfandbriefe erscheinen. Am Tage nach Abschluß bucht man dieselben Pfandbriefe wieder zurück auf das Pfandbriefkonto und nimmt gleichzeitig die entsprechende Buchung auf dem Effektenkonto vor, so daß nun auch buchungsmäßig der frühere Zustand scheinbar wieder hergestellt ist. Mir ist sogar ein Fall bekannt, wo der Treuhänder forderte, daß selbst die gedruckten und mit der Ausgabebescheinigung versehenen Pfandbriefe vor ihrer Ausgabe sämtlich auf das Effektenkonto gebucht würden, also ohne daß sie jemals im Umlauf gewesen wären.

Fraglich ist es, ob die Pfandbriefe, welche der Hypothekenschuldner zu Erfüllungszwecken (vgl. § 14 II HBG.) der Bank übergeben hat, den eingelösten Pfandbriefen gleich zu stellen sind. Das Gesetz bietet dafür keinen Anhalt, in der Praxis der Hypothekenbanken werden solche Pfandbriefe in der Regel vernichtet.

III. Ist der Konkurs eröffnet, so übernimmt der Konkursverwalter die Deckungsmasse samt ihren schriftlichen Unterlagen vom Treuhänder. Wie für den Umfang der Konkursmasse überhaupt, so ist auch für das Verhältnis zwischen Deckungsmasse und gemeiner Masse der Zeitpunkt der Konkurseröffnung maßgebend. Von nun an kann es nicht mehr geändert werden, es sei denn durch Übereinkunft der beiden Gläubigerparteien.[1] So kann auch der Konkursverwalter zwar kraft seiner Verfügungsmacht auch Gegenstände der Deckungsmasse ohne jede Genehmigung der Pfandbriefgläubiger — (oder der Konkursgläubigerversammlung oder des Gläubigerausschusses) vom Konkursbeschlag frei geben. Er kann sie aber nicht lediglich der Vorzugsbefriedigung entziehen und gleichzeitig der gemeinen Masse erhalten. Auch bringt die Freigabe wohl das Konkursvorzugsrecht selbst zum Erlöschen — denn dieses besteht ja eben nur im Konkurs —, nicht aber auch die Anwartschaft der Pfandbriefgläubiger auf Vorzugsbefriedigung. Es müßten daher eigentlich hinsichtlich der freigegebenen Deckungsgegenstände Bank- und Aufsichtsbehörde ebenso in Tätigkeit treten, wie wenn der Konkurs aufgehoben worden wäre. Doch wird man wegen der praktisch geringen Bedeutung derartige Umständlichkeiten wie z. B. Neuernennung eines Treuhänders, Anlage eines neuen Hypothekenregisters und dgl. nicht verlangen können. Nur für einen allerdings seltenen Fall könnte dies von Wichtigkeit sein, nämlich wenn die Hypothek oder Grundschuld — denn um eine solche wird es sich hier nur handeln — aus irgend welchen Gründen unerwartet wieder wertvoll werden sollte. Die Verwertung von solchen freigegebenen Deckungsgegenständen hätte dann nach den Grundschätzen der Liquidation zu erfolgen; eine Vorzugs-

[1] Verringerungen nach §§ 7 I, 8 II, III, 15 KO., die natürlich auch hinsichtlich der Deckungsmasse möglich sind, treffen die Konkursmasse, nicht die Deckungsmasse als solche.

befriedigung der Pfandbriefgläubiger käme nicht in Frage, weil das Vorzugsrecht nur für den Konkurs Geltung hat.

So wenig als der Konkursverwalter die Deckungsmasse auf Kosten der gemeinen Masse verringern kann, ebensowenig kann er sie vergrößern. Das Hypothekenregister braucht nicht fortgeführt zu werden; seine Urkundenfunktion vertritt die Buchführung des Konkursverwalters. Dieser hat zwar kraft allgemeiner Amtspflicht, um Verwirrung vorzubeugen, die beiden Massen getrennt zu buchen (§§ 123 124 KO.) und zu verwalten. Doch schadet es den Pfandbriefgläubigern ebensowenig wie den gemeinen Gläubigern, wenn er dieser Pflicht nicht nachkommt. Eine konstitutive Wirkung kann den Eintragungen in die Bücher der Konkursverwaltung nicht zuerkannt werden.

Desgleichen hat es keine rechtliche Wirkung, wenn der Konkursverwalter bares Geld in der Absicht, für die Pfandbriefgläubiger ein Anrecht daran zu begründen, in Besitz nimmt. Doch wäre durch solche Grundsätze die Deckungsmasse der Verminderung ausgesetzt. Wie oben erwähnt, gehört nämlich das Geld, das zwecks Tilgung von Kapital-, Zins-, Zinseszins- oder sonstigen Ansprüchen, für welche die Hypothek haften kann, nicht ohne weiteres zur Deckungsmasse und da dem Konkursverwalter nicht die Möglichkeit gegeben ist, Geld zur Deckungsmasse zu ziehen, würde es, während der Konkurs verläuft, der gemeinen Masse zufallen. Dasselbe würde auch von den Geldern gelten, die der Konkursverwalter als Erlös für verwertete Gegenstände erhält. Durch die Annahme, daß der Treuhänder für diesen Fall im Konkurs tätig werden müßte, kann man die Lücke im Gesetz nicht ausfüllen. Dem widerspricht die klare Vorschrift der KO. 117, nach der der Konkursverwalter das zu der Konkursmasse gehörige Vermögen in Besitz zu nehmen hat. Man muß deshalb die Vorschrift der Konkursordnung für das Verhältnis der Deckungsmasse zur gemeinen Masse entsprechend anwenden und sagen:[1]

---

[1] Stern, S. 42f. will den § 1 KO. unmittelbar anwenden, doch ist dieser Paragraph an sich nur für das Verhältnis von Konkursmasse und Nichtkonkursmasse berechnet.

Was auf Grund eines zur Deckungmasse gehörenden Rechtes oder als Ersatz für die Zerstörung, Beschädigung oder Entziehung eines Gegenstandes oder durch Rechtsgeschäfte für Rechnung der Deckungsmasse erworben wird, wird wieder Deckungsmasse, ohne daß es eines besonderen das Vorrecht begründeten Aktes bedarf. Danach wird auch, was vor der Konkurseröffnung verloren gegangen und durch Anfechtung wiedergewonnen ist, ipso iure Deckungsmasse, wenn es vorher Deckungsmasse war.

IV. Die Verwertung der Deckungsmasse kann auf zwei verschiedenen Wegen erfolgen, einmal durch Verwertung der Deckungsgegenstände im einzelnen oder im ganzen gegen Bargeld. Geschieht sie nicht durch Beitreibung der Hypothekenschuld, sondern auf dem ungewöhnlichen Wege der Veräußerung, so bedürfen die diesbezüglichen Verwertungsakte des Konkursverwalters, sogar schon die obligatorischen Verträge, der Genehmigung des etwa vorhandenen Gläubigerausschusses nach § 133 Nr. 2 KO., falls es sich um Wertgegenstände von mehr als 300 Mk. handelt. Die Einwilligung kann generell erteilt werden. Für die Veräußerung von Grundschuldbriefen auf den Inhaber und sonstigen Wertpapieren bedarf es der Genehmigung nicht, da bei diesen Gegenständen die Veräußerung die übliche Verwertungsart darstellt. Dagegen sind Hypothekenbriefe keine Wertpapiere.

Die andere Möglichkeit der Verwertung ist folgende: Eine oder mehrere Hypothekenbanken übernehmen die Deckungsmasse im ganzen und als Entgelt zugleich die Pfandbriefschulden. Bei nicht ausreichender Deckungsmasse werden die Pfandbriefe in ihrem Nominalwert herabgesetzt. Zu einer solchen Art der Verwertung ist die Genehmigung des Gläubigerausschusses und wenn eine solche nicht bestellt ist, die Genehmigung der Gläubigerversammlung nach § 134 Nr. 1 KO. einzuholen, da hier das ganze Pfandbriefgeschäft veräußert werden soll.[1]

---

[1] So Begr. S. 55. Jaeger, Anm. 2 zu § 134, hat wohl nur die Veräußerung der Deckungsmasse ohne entsprechende Pfandbriefschuldübernahme im Auge.

§ 5.

Die Konkursgläubiger.

Die Teilung der beiden Massen ist das Spiegelbild des Bestehens zweier Gläubiger-Parteien, der Pfandbriefgläubiger, die aus der Deckungsmasse Vorzugsbefriedigung erhalten, und der gemeinen Konkursgläubiger, denen die übrige Masse und eine etwaige Überdeckung zur Befriedigung dient. Zu ihnen gehören auch die nach § 61 Nr. 1—5 KO. bevorrechteten Konkursgläubiger. Die Pfandbriefgläubiger nehmen zwar auch in Höhe ihres Ausfalls oder Verzichts an der Befriedigung aus der gemeinen Masse teil, haben also ebensosehr wie die gemeinen Konkursgläubiger ein Interesse an deren Bestand. Im Innenverhältnis aber treten sie trotzdem in scharfen Gegensatz zu den nicht vorzugsberechtigten Konkursgläubigern, in einen schärferen, als die Gläubiger des Regelkonkurses untereinander stehen. Entsprechend der zwingenden Regelung der Zugehörigkeit von Massegegenständen zur Deckungsmasse ist es der Parteiwillkür verwehrt, andere als die im Gesetz vorgesehenen Gläubiger an der Vorrechtsbefriedigung teilnehmen zu lassen.

I. Bevorrechtet sind die Pfandbriefgläubiger mit ihren verbrieften Forderungen, auch ausländische (§ 5 KO.), gleichgültig ob ihr Recht in Inhaber-, Order- oder Namenspapieren verbrieft ist, nur müssen es jedenfalls Wertpapiere sein, so daß bei der Einziehung die Vorlegung der Urkunde nicht durch einen sonstigen Beweis des Bestehens der Forderung ersetzt werden kann. Gleichgültig ist es, ob die Papiere schon vor der Konkurseröffnung ausgelost, aufgerufen oder sonstwie gekündigt worden sind. Pfandrechte, welche den Pfandbriefgläubigern nach Landesrecht bestellt und auf Grund der Ermächtigung des nunmehr durch § 43 HBG. abgeänderten § 17 EGKO. mit einem Konkursabsonderungsrecht ausgestattet waren, erlöschen in dem Augenblick, in dem die Anzeige von der Fertigstellung des Hypothekenregisters der Aufsichtsbehörde zugeht (§ 53 II HBG.). An ihre Stelle tritt das Konkursvorzugsrecht. Auch die Verpflichtung zur Bestellung derartiger Pfandrechte erlischt mit diesem Zeitpunkte. Den Inhabern von Pfandbriefen, denen bei ihrer Ausgabe eine Sicherheit in der oben beschriebenen Weise nicht gewährt worden war, verleiht das Hypothekenbankgesetz dieses Vorzugsrecht in § 35 I.

Die Ausgabe von Inhaberpfandbriefen bedarf staatlicher Genehmigung nach § 795 BGB. Gegen diese Vorschrift ausgegebene Pfandbriefe sind nichtig. Dagegen bleibt der Bestand der Forderung und des ihr anhaftenden Vorzugsrechtes unberührt, auch wenn die Pfandbriefe nicht auf Grund vorschriftsmäßiger Deckung ausgegeben sind oder wenn ohne Rücksicht auf das tatsächliche Vorhandensein einer solchen die Treuhänder-Bescheinigung über dieses Vorhandensein nach § 30 III HG. fehlt.[1] Unschädlich ist es auch, daß die Pfandbriefe bei ihrer Ausgabe den in den §§ 7, 41, 42, 46 II, III, 48 HBG. vorgeschriebenen Höchstsatz des Pfandbriefumlaufs überschreiten, daß die Vorschriften über die Kenntlichmachung des Rechtsverhältnisses zwischen Pfandbriefgläubigern und Hypothekenbank oder daß die Verbote der §§ 8 und 9 HBG. übertreten sind, nach denen die Hypothekenbank auf das Recht der Rückzahlung der Pfandbriefe nicht für einen längeren Zeitraum als 10 Jahre verzichten, den Pfandbriefgläubigern ein Kündigungsrecht nicht eingeräumt, eine Ausgabe von Prämienpfandbriefen nicht stattfinden soll.[2] Nur muß mit Rücksicht auf die Wertpapiernatur der Pfandbriefe gefordert werden, daß die Eigenschaft als Hypothekenpfandbrief im Sinne des Hypothekenbankgesetzes in den Urkunden irgendwie ersichtlich gemacht wird. Es braucht das nicht gerade durch Gebrauch des

---

[1] Der Entwurf von 1879 wollte die Gültigkeit der Pfandbriefe von dieser Genehmigung abhängig machen.

[2] Stern, S. 54f., scheint auf dem Standpunkt zu stehen, daß Prämienpfandbriefe, die entgegen dem Verbot des § 9 HBG. ausgegeben wurden, nichtig sind, da er nur die Prämienforderung der nicht rechtswidrig ausgegebenen Pfandbriefe an der Vorzugsbefriedigung teilnehmen lassen will. Es ist aber kein Grund einzusehen, warum diese Vorschrift nicht ebenso wie etwa das Erfordernis staatlicher Genehmigung des Gewerbebetriebes lediglich gewerberechtlicher Natur sein soll. Praktisch kann diese Frage (ebenso wie die übrigen hier angedeuteten Fragen) in dem Fall werden, wenn aus irgend einem Grunde streitig werden sollte, ob der Pfandbrief vor oder nach dem 1. I. 1900 ausgegeben ist. Bei den zahlreichen Arten, wie man Pfandbriefe ausgeben kann, ist dies schon denkbar.

Wortes „Hypothekenpfandbrief“ oder „Pfandbrief“ zu geschehen. Sollte überhaupt jedwede Andeutung fehlen, so würde die Forderung gültig, aber nicht bevorrechtet sein. Da sämtliche Pfandbriefe diesem Erfordernis mehr als ausreichend nachkommen, dürfte darüber kaum jemals Zweifel entstehen.

An dem Vorrecht der Kapitalforderung nehmen gemäß § 62 KO. auch die Forderungen auf Ersatz der Kosten teil, welche den Pfandbriefgläubigern vor Eröffnung des Verfahrens erwachsen sind, und auch die bis zur Eröffnung des Konkurses aufgelaufenen Zinsen. Dagegen können weder Zinsen für die Dauer des Konkurses noch die Kosten des Konkursverfahrens im Konkurse verfolgt werden. § 63 KO.[1] Ob die Forderungen auf Depositalzinsen bevorrechtet sind, ist je nach den Umständen zu entscheiden. Ist in die Pfandbriefe (was zulässig erscheint) die Bemerkung aufgenommen, daß die Bank nicht erhobene Beträge fällig gewordener Pfandbriefe mit ihrem für tägliches Geld üblichen Zinsfuße vergüten will, so kann an der Bevorrechtung kein Zweifel bestehen. Zahlt aber die Bank aus Handelsgewohnheit oder infolge einer Vorschrift ihres Statuts solche Zinsen, so kann man der Depositalzinsforderung das Vorrecht nicht zuerkennen. Der Zusammenhang mit der Pfandbriefforderung ist dann zu locker. In diesem Falle würde auch eine Bestimmung des Statuts das Vorrecht nicht schaffen können.

II. Über die Natur der Vorrechte herrscht Streit. Die maßgebende Gesetzesstelle lautet:

Ist über das Vermögen der Hypothekenbank der Konkurs eröffnet, so gehen in Ansehung der Befriedigung aus den in das Hypothekenregister eingetragenen Hypotheken und Wertpapieren die Forderungen der Pfandbriefgläubiger den Forderungen aller anderen Konkursgläubigern vor.

In Betreff des Anspruchs der Pfandbriefgläubiger auf Befriedigung aus dem sonstigen Vermögen der Bank finden die für die Absonderungsberechtigten geltenden Vorschriften der §§ 64, 153, 155, 156 und des § 168 Nr. 3 der KO. entsprechende Anwendung.

[1] Näheres darüber unter II.

Hierin kommt der Wille des Gesetzgebers zum Ausdruck, ohne zu irgend welchem Zweifel Anlaß zu geben. Mit keinem Worte ist gesagt, daß die Forderungen der Pfandbriefgläubiger nicht dem § 3 KO. unterlägen. Nichts deutet irgendwie daraufhin, daß den Pfandbriefgläubigern mehr als Vorzugsrecht innerhalb des Konkurses zustehen soll. Zum Überfluß lehnt auch die Begründung S. 51ff. jede Pfandrechtskonstruktion mit unzweideutigen Worten ab. Zwei Wünsche haben aber eine Anzahl Schrifsteller bewogen, aus dem klaren Wortlaut mehr herauszulesen, als darin enthalten ist. Einmal der Wunsch, den Pfandbriefgläubigern während des Konkurses den Zinsgenuß zu erhalten, zweitens, ihnen auch außerhalb des Konkurses eine stärkere Sicherung namentlich gegen Pfändungen älterer Gläubiger der Hypothekenbank durch Gewährung eines materiellen dinglichen Rechtes, möglichst eines Pfandrechtes, an der Deckungsmasse zu verschaffen. Es fragt sich indessen schon, ob diese Wünsche vom gesetzgeberischen Standpunkte aus so berechtigt sind, daß ihre Nichterfüllung die Sicherheit der Pfandbriefgläubiger ernstlich gefährdet und eine Erschwerung des Bodenkredits nach sich zieht. Praktisch ist dies nicht der Fall. Pfandbriefe erfreuen sich beim Publikum großer Beliebtheit, die von einer Fortdauer des Zinslaufes während des Konkurses doch wohl unabhängig sein dürfte. Ist die Konkursmasse in gutem Zustand, so wird sich ihre Verwertung so rasch durch Übernahme des gesamten Pfandbriefgeschäfts der notleidenden Bank von Seiten anderer Hypothekenbanken vollziehen, daß die Pfandbriefgläubiger den kleinen Zinsverlust verschmerzen können. Ist aber die Masse so nicht zu verwerten, so würden ja allerdings bei Anwendbarkeit des § 48 KO. die Pfandbriefgläubiger auch für die seit der Konkurseröffnung aufgelaufenen Zinsen Vorzugsdeckung zu beanspruchen haben und auch den dabei erlittenen Zinsausfall auf die gemeine Masse abladen können (§ 35 II HBG. mit § 64 KO.). Dann aber würden sie nicht die ganze Summe des Zinsausfalles, sondern nur die Dividende dafür erhalten. Dabei ist noch zu bedenken, daß sich durch Verteilungen während des Konkurses bald die Kapitalsumme und damit auch die Zinsen verringern würden. Gewährleistet wird die Sicherheit der Pfandbriefe in erster Linie doch nur durch eine ausreichende

Deckungsmasse. Für deren Vorhandensein hat die Gesetzgebung, soweit dies bei den bestehenden wirtschaftlichen Verhältnissen möglich ist, gesorgt. Jene Begünstigung der Pfandbriefgläubiger würde die Dividende der gemeinen Gläubiger, die in den meisten Fällen schon mager genug ausfallen mag, noch verkürzen. Es fragt sich sehr, ob dieses Ergebnis wirtschaftlich zu rechtfertigen ist. Der Hinweis auf die kleinen Sparer des Mittelstandes, die ihr geringes Vermögen vorzugsweise in Pfandbriefen anlegen, ist nicht stichhaltig. Bankkonten hat der Mittelstand, insbesondere der Kleingewerbetreibende, jetzt ebensogern als Pfandbriefe.

Was aber ferner den anderen Wunsch anlangt, so dürfte ein diesbezügliches Recht auch außerhalb des Konkurses den Pfandbriefgläubigern gegen eine unlautere Geschäftsführung kaum einen stärkeren Schutz gewähren, als die schon vom Hypothekenbankgesetz vorgesehenen Einrichtungen vermögen. Die Pfandbriefkatastrophe des Jahres 1901 wurde nicht deshalb herbeigeführt, weil die Deckungsmasse der notleidenden Hypothekenbank mit den Rechten Dritter belastet war, sondern weil sie zum großen Teil trotz Staatsaufsicht, Treuhänder, Aufsichtsrat und Bücherrevisoren aus wertlosen Hypotheken bestand, welche die Direktoren hinein zu schmuggeln verstanden hatten.[1] Und dagegen hätte kein Pfand- oder sonstiges Wertrecht geholfen.

Nun aber zur juristischen Seite: Um jene Wünsche mit dem Gesetz in Einklang zu bringen, gab es zwei Wege: entweder man bekannte, daß an dem Sinn des § 35 I, II nicht zu rütteln sei, oder man wendete, um das Vorrecht einem Absonderungsrecht noch mehr anzuähneln, außer den bereits zitierten noch die übrigen Vorschriften über Absonderungsrecht, insbesondere den § 48 KO. über die Anrechnung von Zinsen und Kosten bei der abgesonderten Befriedigung entsprechend an. Doch ist es bedenklich, den Kreis der Absonderungsrechte, die die Konkursordnung mit großer Genauigkeit erschöpfend festgelegt hat, durch Analogien zu erweitern. Deshalb hat man lieber den zweiten Weg eingeschlagen, aus anderen wichtigen Vorschriften des Hypothekenbankgesetzes, aus

---

[1] Siehe Budde, Beiträge zum Reichshypothekenbankgesetz, Bd. 3 (1910), über die Geschichte des Verfalls und der Sanierung der Pommernbank.

seinen leitenden Grundgedanken, aus der ratio legis Widersprüche herauszulehren, die den § 35 I, II beiseite schieben und Platz für die Ansichten und Absichten der Konstrukteure schaffen sollten. MERZBACHER hat sich freilich diese Mühe nicht erst gemacht. Er behauptet in Anmerkung 1a zu § 31 ohne jede Begründung, daß durch die Einräumung des Mitverschlusses an den Treuhänder (§ 31 I HBG.) in Betreff der Deckungsgegenstände ein Pfandrecht für die Pfandbriefgläubiger entstehe, also Pfändungen, Veräußerungen und Belastungen der Deckungsmasse in der Regel unmöglich seien. In Anmerkung 1 zu § 35 sagt er, das Gesetz habe sich zwar für ein Vorzugsrecht entschieden, dieses stehe jedoch einem durch Rechtsgeschäft bestellten Pfandrecht gleich, der Zinslauf setze sich daher auch während des Konkurses fort, Zinsen und Kosten seien bei der Befriedigung aus der Deckungsmasse nach § 48 KO. anzurechnen. Allein die Begründung des Mitverschlusses ist nur hinsichtlich des baren Geldes bedeutungsvoll, hinsichtlich der Hypotheken und Wertpapiere ist sie, was die Zugehörigkeit zur Deckungsmasse betrifft, gänzlich irrevant. Sie schafft lediglich einen rein tatsächlichen Zustand.[1] Ähnlich MERZBACHER lehrt KOHLER[2], daß der Gesamtheit der Pfandbriefgläubiger ein durch den Treuhänder als ihren Dienstschuldner begründetes und verteidigtes, auch außerhalb des Konkurses wirksames Wertrecht — er nennt es ein Beschlagsrecht — zustehe, nur könne es lediglich im Konkurs geltend gemacht werden, dann aber als sogenanntes uneigentliches Absonderungsrecht. Das Gesetz jedoch habe, in der irrigen Meinung, es sei ein wesentliches Merkmal der abgesonderten Befriedigung, daß sie nur außerhalb des Konkurses erfolgen könne, das von ihm selbst geschaffene Recht verkannt, als Vorzugsrecht bezeichnet. Aus diesem Fehler des Gesetzes erwachsen eine Menge von Unzuträglichkeiten. So könnten z. B. den Pfandbriefgläubigern für die Zeit nach der Konkurseröffnung keine Zinsen zugebilligt werden. Im Gegenteil. Das Gesetz war sich klar darüber, daß ein Pfandrecht aus unserem Rechtssystem herausfallen würde, da die Begründung von vertraglichen Rechten an Buchhypotheken nach § 873 BGB. einen Grund-

[1] So HILLIG, S. 88; EHRLICH, S. 117ff.

[2] Im Bankarchiv IV, S. 121ff., Hypothekenbanktreuhänder.

eintrag voraussetzt. Das war ja einer der Hauptgründe für den Gesetzgeber, von einem Pfandrecht der Pfandbriefgläubiger abzusehen, weil dann entweder kraft der Art. 192, 193 EGBGB. die zahlreich vorhandenen Buchhypotheken in Briefhypotheken hätten umgewandelt werden müssen oder zur Vermeidung dieser kaum durchführbaren Maßregel sich eine Abweichung vom Grundsatz des § 873 BGB. notwendig gemacht hätte.[1]

Dannenbaum, § 35 Anm. 5ff., sucht seine Meinung dadurch schmackhafter zu machen, daß er behauptet, das fragliche Recht sei formell Konkursvorrecht, materiell aber Absonderungsrecht, was insbesondere die Fortdauer des Zinslaufes während des Konkurses zur Folge habe. Doch wird damit gegenüber den oben erwähnten Ansichten kaum etwas wesentlich Neues gebracht, abgesehen davon, daß er die Annahme eines Rechtes außerhalb des Konkurses ablehnt. An und für sich stand ja gewiß nichts im Wege, sämtliche Vorschriften über die abgesonderte Befriedigung für entsprechend anwendbar zu erklären. Doch müßte dies im Gesetz deutlich zum Ausdruck gebracht sein. Um darzutun, daß dem trotz des scheinbaren Widerspruchs in § 35 HBG. so sei, verweist Dannenbaum (Anm. 8) auf die Gesetzesgeschichte. Landesrechtlich hätten vielfach auf Grund von Faustpfandrechten an den Hypothekenurkunden gemäß dem erst durch § 43 HBG. aufgehobenen § 17 EGKO. Absonderungsrechte bestanden und der Gesetzgeber habe den Schutz, den diese gewährten, in keiner Weise abschwächen wollen. So sage z. B. die Begründung auf S. 52: „Alle diese Schwierigkeiten werden vermieden, wenn die Sicherung den Pfandbriefgläubiger auf ein Vorrecht im Konkurs beschränkt wird.“ Doch warum sollte man aus diesen Worten nicht ebensogut das Gegenteil herauslesen können? Ferner, das Recht des § 35 I HBG. begründe kein gewöhnliches Vorrecht wie § 61 KO., sondern ein eigenartiges, zwischen Vorrecht und Absonderungsrecht stehendes, deshalb von der Begründung (S. 52) anders, nämlich als „Vorzugsrecht“ bezeichnetes Recht sui generis. Das wird allerdings kaum jemand leugnen können, wohl aber die daraus von Dannenbaum gezogene Folgerung, daß das Recht der

[1] Begründung S. 52.

Pfandbriefgläubiger ein materielles Absonderungsrecht mit allen damit verbundenen rechtlichen Folgen sei. Nicht deshalb sind die Pfandbriefgläubiger Konkursgläubiger, weil ihnen im § 35 I HBG. nur ein Vorrecht gewährt wird, sondern deshalb, weil die Pfandbriefforderungen in den Kreis des § 3 KO. fallen. Daran ändert der § 35 I nichts, mag auch das Vorzugsrecht noch so sehr sui generis sein. Schließlich, so argumentiert Dannenbaum weiter, ergäbe sich die Absonderungsnatur aus dem Umstande, daß das Gesetz im § 6 den Pfandbriefgläubigern nicht nur eine Kapital-, sondern auch eine Zinsdeckung zusichere. Denn es sei undenkbar, daß das Gesetz diese Kautelen für die Zinsen erst getroffen, dann aber im entscheidenden Augenblick wieder fallen gelassen habe. Dagegen ist aber zu sagen, daß zunächst einmal Kapitaldeckung und Zinsdeckung doch nicht ganz auf gleicher Stufe stehen, wie Dannenbaum annimmt, da die Bank hinsichtlich der ersteren verpflichtet ist, die durch Rückzahlungen entstandene Lücke in der Deckungsmasse mit dem rückgezahlten Gelde gemäß § 31 II HBG. unverzüglich wieder auszufüllen, während dies hinsichtlich der letzteren nicht der Fall ist. Dann aber kommen ja in dem praktisch wahrscheinlichsten Falle, daß die Deckung nicht ausreicht, die während des Konkurses an die Bank gezahlten Hypothekenzinsen den Pfandbriefgläubigern doch zugute, da diese, wie oben erwähnt, während des Konkurses ipso iure in die Deckungsmasse fallen; bei ausreichender Deckungsmasse aber würde der Zinsverlust leicht zu verschmerzen sein.

Nussbaum (S. 265f.) schließt sich im wesentlichen der Dannenbaumschen Ansicht an, mit der gänzlich unbegründeten Abweichung, daß die während des Konkurses fällig werdenden Pfandbriefzinsen zwar aus der Deckungsmasse, nicht aber aus der gemeinen Masse befriedigt werden könnten, mit anderen Worten, daß die Zinsen nach § 63 KO., nicht nach § 48 KO. angerechnet werden sollten. Dann würde der Fortlauf der Zinsen also bei ausreichender Deckungsmasse den Pfandbriefgläubigern zugute kommen, bei ungenügender Deckungsmasse, also da, wo sie schon am Kapital einen Ausfall erleiden, würden sie des mühsam konstruierten Vorteils verlustig gehen.

Allen diesen Ansichten gegenüber ist aufrecht zu halten, daß die Pfandbriefforderungen Konkursforderungen sind, die ein, wenn auch eigenartiges, von den Vorrechten des § 61 KO. in manchen Stücken abweichendes Vorrecht genießen.[1] Außerhalb des Konkurses steht dem Pfandbriefgläubiger kein Recht an der Deckungsmasse zu. Sie haben nicht einmal ein obligatorisches Recht auf Beschaffung und Erhaltung der Deckungsmasse, ebensowenig wie der Darlehnsgläubiger ein Recht darauf hat, daß der Schuldner sein Vermögen zusammenhalte. Sie können also daraufhin keine Klage erheben, sondern höchstens, wenn die Voraussetzungen dazu vorliegen, einen Arrest erwirken.[2] Veräußerungen, Belastungen und Pfändungen der Deckungsmasse sind an sich unbeschränkt gültig, doch durch den Mitbesitz des Treuhänders an den Deckungsgegenständen regelmäßig ausgeschlossen. Nur in Ansehung von Buchhypotheken und in dem Falle, daß Deckungsgegenstände gegen die Vorschrift des § 31 I oder gemäß § 31 II, III HBG. vom Treuhänder herausgegeben worden sind, sind sie möglich.[3] Andere als die im § 35 II HBG. zitierten Absonderungsvorschriften sind auf das Pfandbriefgläubigervorrecht nicht anwendbar, wohl aber, trotz der Eigenart dieses Vorrechts die für bevorrechtete Konkursgläubiger allgemein geltende Vorschriften der Konkursordnung.

---

[1] Im allgemeinen ebenso die herrschende Meinung, besonders Jaeger Anm. 3 zu § 61, Stern, S. 23ff., Göppert, Anm. 1 zu § 35, Seuffert, ZZP. 27 S. 104, Hillig, Anm. 2 zu § 35, Wilmowski-Kurlbaum, Vorbemerkungen zu § 61, Anm. 3.

[2] Es müßte denn sein, daß ein besonderer schuldrechtlicher Anspruch auf Beschaffung und Erhaltung der Deckungsmasse durch Vertrag begründet wäre. Dies ist an sich möglich, doch dürfte zu diesem Zwecke der Abdruck der einschlägigen Vorschriften aus dem Statut der Hypothekenbank auf der Rückseite der Pfandbriefe nicht genügen. Wie die Begründung zu dieser Frage steht, ist schwer zu sagen, weil nach ihr das Organ zur Überwachung der Deckungsmasse ein von der Pfandbriefgläubigerversammlung gewählter Vertreter sein sollte. Göppert, Anm. 1 zu § 35, behauptet, das Bestehen eines solchen obligatorischen Rechtes, aber ohne nähere Begründung.

[3] Um die Ausnützung dieser Herausgabevorschrift zu unlauteren Zwecken zu verhindern, schlägt Ehrlich (S. 123) vor, der Treuhänder solle die Hypothekenurkunden im Beisein der Direktoren unmittelbar an einen Notar ausliefern, der die nötigen Veränderungen daran vornehmen und die dann wieder dem Treuhänder unmittelbar zurückgeben solle.

III. Bricht der Konkurs aus, so müssen die Pfandbriefforderungen mit dem beanspruchten Vorrecht angemeldet werden.[1] Ihr Fälligwerden durch die Konkurseröffnung ersetzt jede weitere Auslosung oder sonstige Kündigung. Zinsen für die Zeit nach der Konkurseröffnung und Forderungen auf Ersatz der Kosten, welche den einzelnen Pfandbriefgläubigern durch ihre Teilnahme an dem Verfahren erwachsen, können, wie erörtert, im Konkurs nicht geltend gemacht werden. Die Pfandbriefforderungen werden im Prüfungstermin entweder bestritten oder festgestellt. Ersterenfalls sind sie noch in besonderen Prozessen außerhalb des Konkursverfahrens zur Anerkennung zu bringen. Die Pfandbriefgläubiger haben untereinander gleichen Rang (§ 35 I, Satz 3.). Verschiedenheit des Ausgabetages, der Verzinslichkeit, des Kursstandes beeinflussen das Rangverhältnis der Pfandbriefgläubiger untereinander nicht. Damit wird die Ausgabe von Prioritätspfandbriefen unmöglich gemacht, d. h. von Pfandbriefen, bei deren Ausgabe vertragsmäßig bestimmt wird, daß sie den früher zur Ausgabe gelangten Pfandbriefen im Range nachstehen sollen. Es würde daher weder der Konkursverwalter die Verteilung in diesem Sinne vorzunehmen haben, noch wären die Beteiligten untereinander zu einer Ausgleichung verpflichtet. Ankäufe von Pfandbriefen durch die Hypothekenbank zum Börsenpreis sind keine Gläubigerbefriedigung, daher also weder als kongruente noch als inkongruente Deckung nach § 30 KO. anfechtbar. Natürlich bleibt die Möglichkeit einer Anfechtung nach § 31 I KO. Doch braucht die dort geforderte Benachteiligungsabsicht durchaus nicht immer bei derartigen Rückkäufen vorzuliegen, z. B. dann nicht, wenn sie zur Beruhigung des Publikums zwecks Vermeidung der Konkurseröffnung abgeschlossen worden sind.

Die einem Absonderungsberechtigten ähnliche Rechtsstellung, die ein Hypothekenschuldner einnimmt, der in der Lage ist, mit einer ihm gegen die Bank zustehenden Forderung gegen die Hypothekenforderung aufzurechnen, zeigt sich stärker als die Position der Pfandbriefgläubiger. Sie entzieht die betreffende Hypothek in Höhe der Gegenforderung der Vorzugsbefriedigung.

[1] Warum der § 35 HBG. für die Reihenfolge der Eintragung nach § 140 II KO. nicht maßgebend sein soll (vgl. Stern, S. 78), ist nicht ersichtlich.

Andererseits ist auch den Pfandbriefgläubigern die Aufrechnungsmöglichkeit und damit die Befreiung von der Konkursbeteiligungslast nicht unmöglich gemacht.

IV. In der Konkursgläubigerversammlung stimmen die Pfandbriefgläubiger zur vollen Höhe ihrer Forderungen, weil diese in voller Höhe Konkursforderungen sind. Sind die gemeinsamen Interessen der nichtbevorrechtigten Gläubiger durch die mit Pfandbriefgläubigermehrheit gefaßten Beschlüsse gefährdet, so hat der Richter nach § 99 KO. die Ausführung solcher Beschlüsse auf Antrag zu untersagen (entsprechende, nicht unmittelbare Anwendung von § 99 KO.). Nur im Zwangsvergleich stimmen sie lediglich in Höhe ihres Ausfalls oder Verzichts, da sie mit dem übrigen Teile ihrer Forderungen als bevorrechtete Konkursgläubiger nach § 173 KO. von der Teilnahme am Zwangsvergleich ausgeschlossen sind. Bei Berechnung der zur Annahme des Vergleiches erforderlichen Mehrheit (§ 182 KO.) werden die Forderungen der Pfandbriefgläubiger nur insoweit mitgerechnet, als sie hiernach stimmberechtigt sind.[1] Steht zur Zeit des Zwangsvergleichsabschlusses dieser Betrag noch nicht fest, so ist in entsprechender Anwendung des § 96 KO. vom Gericht zu entscheiden, in welcher Höhe sich die Pfandbriefgläubiger am Zwangsvergleich beteiligen können.[2]

V. Die Verteilungen an die Pfandbriefgläubiger können im Rahmen der allgemeinen Verteilungen oder nach § 170 KO. unabhängig von ihnen geschehen. Zu letzterem bedarf es aber der Ermächtigung des Konkursgerichtes. Diese versteht sich nicht von selbst[3], weil infolge der Vorschrift des § 35 III HBG. betreffend die eigenen Pfandbriefe der Hypothekenbank möglicherweise Bruchteile der Deckungsmasse für die gemeinen Gläubiger zurück-

---

[1] Vgl. Seuffert, ZZP. 27, S. 107.

[2] So im wesentlichen Jaeger, Anm. 3 zu § 96 KO.; Dannenbaum, Anm. 34 zu § 35. Göppert, Vorbemerkungen zu § 35, S. 99, scheidet Maßregeln, welche die gesamte Masse, und solche, die nur die gemeine Masse betreffen. Hinsichtlich der ersteren, sollen die Pfandbriefgläubiger in voller Höhe, hinsichtlich der lezteren nur in Höhe des nicht durch die Vorzugsbefriedigung gedeckten Teiles ihrer Forderungen stimmen. Vgl. dagegen die treffende Widerlegung bei Jaeger, Anm. 3 zu § 96.

[3] Abweichend Jaeger, Anm. 3 zu § 170.

behalten werden, die gemeinen Gläubiger also ein beträchtliches Interesse daran haben können, daß nicht zu viel verteilt werde. Die Pfandbriefgläubiger können einen Antrag auf Zulassung von außerordentlichen Verteilungen stellen und den abschlägigen Bescheid mit sofortiger Beschwerde anfechten. Gegen die Zulassung einer derartigen Verteilung haben außer den Massegläubigern[1] (anders als im Regelkonkurs) auch die gemeinen Konkursgläubiger die sofortige Beschwerde. Denn im Regelkonkurs gibt es nur die Vorrechte des § 61 KO. und diese erstrecken sich immer auf die ganze Konkursmasse, so daß sich aus einer Verteilung an die bevorrechteten Gläubiger, zu deren Bekämpfung den nicht bevorrechteten Gläubigern schon im Prüfungstermin Gelegenheit geboten war, für letztere niemals ein Nachteil ergeben kann.[2] In unserem Falle aber dient der Vorrechtsbefriedigung infolge der Vorschrift des § 35 III HBG. unter Umständen nur ein Teil der Deckungsmasse. Es muß daher den gemeinen Gläubigern die Möglichkeit geboten werden, im Beschwerdeweg eine allgemeine Verteilung zu erzwingen, um im Einwendungsverfahren des § 158 KO. Zuvielverteilungen an die Pfandbriefgläubiger zu verhindern. Doch wird das Gericht in den meisten Fällen, schon um die Verwaltung zu erleichtern und unnötigen Verzögerungen vorzubeugen, die Ermächtigung zu einer außerordentlichen Verteilung unbedenklich erteilen dürfen.

Im Regelkonkurs bezweckt der § 170 KO. eine beschleunigte Befriedigung gewisser Forderungen, z. B. der Forderungen von Arbeitern und Angestellten. Mit den Voraussetzungen einer äußerlichen Lostrennung der außerordentlichen von den ordentlichen Verteilungen ist daher hier auch das Bedürfnis gegeben, die außerordentliche von den zeitraubenden Formen und Fristen, die für die ordentlichen vorgeschrieben sind, zu befreien, und ferner auch von dem Erfordernis der gleichmäßigen Verteilung in Raten abzusehen. Dies kann hier unbedenklich geschehen, da die Summe

---

[1] Über diese und ihre Interessen an der Erhaltung der Deckungsmasse siehe unten im Kapitel; Massegläubiger.

[2] Über die hieran anknüpfende Streitfrage vgl. Jaeger, Anm. 2 zu § 170. In Konsequenz der in der dritten Anmerkung zu diesem Paragraphen ausgesprochenen Meinung ist diese Frage überhaupt nicht behandelt worden.

der bevorrechteten Forderungen einer Gläubigerklasse des § 61 KO. regelmäßig eine im Verhältnis zur Konkursmasse geringe Höhe erreichen wird. Im Konkurs der Hypothekenbank dagegen, bilden die Pfandbriefforderungen regelmäßig den Hauptbestand der Konkursforderungen[1], denen eine fast niemals ganz ausreichende Deckungsmasse gegenüber stehen wird. Hier besteht die Gefahr, daß einzelne Pfandbriefgläubiger schwer benachteiligt werden, wenn der Erlös der Deckungsmasse nicht nach den ordentlichen Verteilungsvorschriften der Konkursordnung ratenweise unter gleicher Berücksichtigung aller verteilt wird, zumal das Bedürfnis der Pfandbriefgläubiger, rasch befriedigt zu werden, nicht stärker ist, als wie das der übrigen Gläubiger. In diesem Falle zeigt es sich, daß es zwei verschiedene Möglichkeiten sind, die § 170 KO. bietet, nämlich sowohl Sonderung von den allgemeinen Verteilungen als auch Vornahme einer formlosen Verteilung ohne Ratenzahlung. Im Regelkonkurs erscheinen diese beiden Möglichkeiten mit Rücksicht auf das Bedürfnis nach einer besonders beschleunigten Befriedigung, als Einheit und sind demgemäß auch in dem nur für den Regelkonkurs berechneten § 170 KO. einheitlich geordnet.

Der Konkursrichter wird also in der Regel eine außerordentliche Verteilung an die Pfandbriefgläubiger unabhängig von den allgemeinen Verteilungen zu gestatten haben, aber nicht zulassen dürfen, daß formlos und nicht in Raten verteilt werde.[2] Meist wird sich allerdings die Verwertung der Deckungsmasse, wenn es irgend möglich ist, derart vollziehen, daß eine andere Hypothekenbank mit Einwilligung der Pfandbriefgläubiger und auch der gemeinen Gläubiger Pfandbriefschulden und Deckungsmasse zugleich im ganzen übernimmt. Der Verzicht der Pfandbriefgläubiger gegen die Gemeinschuldnerin würde sich natürlich nur auf den Betrag

---

[1] Im Konkurs der Berliner Grundschuldbank, einer reinen Hypothekenbank (1901), dem einzigen Konkurs im Zeichen des neuen Gesetzes, wurden überhaupt nur Pfandbriefforderungen angemeldet.

[2] Hinsichtlich des letzteren Umstandes ebenso JAEGER in der Fußnote 1 von Anm. 1 zu § 151. Dort fordert er für Verteilungen an die Pfandbriefgläubiger einen besonderen Teilungsplan. Desgl. ohne Begründung SEUFFERT, ZZP. 27, S. 100.

der Pfandbriefforderungen erstrecken, der voraussichtlich aus der Deckungsmasse bestritten werden könnte, während sie für den Ausfall aus der gemeinen Masse Befriedigung suchen würden. Glückt aber eine derartige Verwertung der Deckungsmasse nicht, so wird also in der Regel, unabhängig von der Verteilung des Erlöses aus der gemeinen Masse, ein formelles Verteilungsverfahren hinsichtlich der Deckungsmasse nebenher laufen. Nötigenfalls kann vor der Ausschüttung der Deckungsmasse vom Gericht ein besonderer Schlußtermin zur Annahme der Schlußrechnung über die Verwaltung der Deckungsmasse, zur Erhebung von Einwendungen gegen das Schlußverzeichnis und zur Beschlußfassung aller Konkursgläubiger, nicht bloß der Pfandbriefgläubiger, über die nicht verwertbaren Vermögensstücke in der Deckungsmasse bestimmt werden (§ 162 KO.). Findet ein solcher nicht statt, so erfolgt, wenn nicht formlos verteilt wird, die Ausschüttung der Deckungsmasse nach den gewöhnlichen Regeln. Die Abnahme der Schlußrechnung hinsichtlich der Deckungsmasse hat dann in dem allgemeinen Schlußtermin zu geschehen. Eine Nachtragsverteilung von Deckungsgegenständen nach § 166 KO. findet dann auf Grund des Verzeichnisses der letzten Verteilung an die Pfandbriefgläubiger statt.

Spätestens bei der Erhebung der Beträge müssen die Pfandbriefe vorgelegt werden. Es ist wünschenswert, Teilzahlungen durch Abstempelung auf den Pfandbriefen kenntlich zu machen, um den gutgläubigen Erwerb bereits bezahlter Forderungen zu verhindern (vgl. § 796 BGB.). Werden die Beträge bei Abschlagsverteilungen nicht erhoben, so hat sie der Konkursverwalter für Rechnung der Deckungsmasse verzinslich anzulegen, nach erfolgter Schlußverteilung zu hinterlegen (§ 169 KO.). Die Auszahlung der Dividende erfolgt nur auf Grund der vorgelegten Pfandbriefe (§ 19 SVG., Satz 2). Besonders muß erwähnt werden, daß ein Ausschlußurteil gegen die unbekannten Pfandbriefgläubiger, die ihre Beträge nicht erhoben haben, unstatthaft ist, da die Pfandbriefforderungen vom Vertreter der Pfandbriefgläubiger nach § 19 SVG. ohne Vorlegung der Urkunden angemeldet werden können. Dagegen steht nichts im Wege, daß auch während des Konkurses nach § 804 BGB. von dem bisherigen Inhaber, dem ein Pfandbrief verloren gegangen oder sonstwie abhanden gekommen ist, eine Zahlungssperre oder ein Ausschlußurteil erwirkt wird, ebenso wie eine bereits erwirkte Zahlungssperre trotz der Konkurseröffnung maßgebend bleibt.[1] Ist eine Anmeldung ohne Pfandbriefvorlage durch den Vertreter der Pfandbriefgläubiger nicht erfolgt, so wird dem Erfordernis des § 139 Satz 3 KO. schon dadurch genügt, daß an Stelle der abhanden gekommenen oder vernichteten Urkunde in Urschrift oder Abschrift der Beschluß beigefügt wird, welcher den Erlaß der Zahlungssperre enthält.

VI. In Betreff des Anspruchs der Pfandbriefgläubiger aus dem sonstigen Vermögen der Hypothekenbank finden die auf Befriedigung für die Absonderungsberechtigten geltenden Vorschriften der §§ 64, 153, 155, 156 KO. und des § 168 Nr. 3 KO. entsprechende Anwendung (§ 35 II HBG.). Die Pfandbriefgläubiger können sich danach an die gemeine Masse nur in Höhe ihres Ausfalls oder Verzichts halten (§ 64).[2] Der Verzicht muß durch einseitige empfangsbedürftige Willenserklärung gegenüber dem Konkursverwalter kundgetan, der Ausfall braucht ihm aber nicht besonders bewiesen zu werden, da der Verwalter ja die Versilberung der Deckungsmasse betreibt und daher selbst am besten weiß, wie hoch sich der Ausfall beläuft oder mutmaßlich belaufen wird (§ 153). Haben die Pfandbriefgläubiger bei einer allgemeinen Abschlagsverteilung aus irgendwelchen Gründen keine Berücksichtigung gefunden, so können sie die bisher verteilten Dividende aus dem Rest der allgemeinen Masse nachfordern, soweit sie reicht und nicht infolge Ablaufs der Ausschlußfrist für eine neue Verteilung zu verwenden ist (§ 155). Die Höhe der Ausfallsrate bemißt sich nach dem wirklichen, nicht nach dem mutmaßlichen Ausfall. Letzterer genügt aber zu einer Berücksichtigung durch Sicherstellung (§ 153 III, 168 Nr. 3). Ergibt sich aber bei der

---

[1] So Stern, S. 53.

[2] Die Reihenfolge, in der Zinsen, Kosten und Kapital als befriedigt zu gelten haben, ist gegeben durch § 367 I BGB., nicht wie Stern S. 56 meint, durch § 63 KO. Denn der § 63 KO. ist keine Anrechnungsvorschrift und entspricht durchaus nicht dem § 48 KO. Da die Pfandbriefgläubiger gegen die Deckungsmasse nicht mehr Forderungen zur Befriedigung bringen können, so ist die Frage der Anrechnung, anders als bei der Ausfallsbefriedigung der Absonderungsberechtigten, hier ohne Belang.

Schlußverteilung, daß diese Mutmaßung nicht der Wirklichkeit entspricht, so werden die zurückbehaltenen Anteile frei (§ 156). Aus dieser Vorschrift ist zu folgern, daß die Schlußverteilung erst stattfinden darf, wenn die Verwertung der Deckungsmasse beendet ist und über die Höhe der Ausfallsrate kein Zweifel mehr bestehen kann.[1]

§ 6.

Die Organisation der Pfandbriefgläubiger während des Konkurses nach dem Schuldverschreibungsgesetz.

A. Die Pfandbriefgläubigerversammlung.

I. Um den Pfandbriefgläubigern die Durchsetzung ihrer Interessen zu erleichtern, gestattet ihnen das Schuldverschreibungsgesetz, außerhalb und innerhalb des Konkurses zu einer Versammlung zusammenzutreten und dort Beschlüsse zu fassen, die über den Kreis der Abstimmenden hinaus für alle, auch für die nichtanwesenden Pfandbriefgläubiger gültig sind. Das Schuldverschreibungsgesetz gilt zwar allgemein für die Besitzer von Schuldverschreibungen jeder Art, ist aber insbesondere mit Rücksicht auf die Pfandbriefgläubiger geschaffen worden. Die Voraussetzungen einer Pfandbriefgläubigerversammlung sind nach § 1 SVG. folgende: Eine inländische Hypothekenbank muß im Inland Pfandbriefe mit bestimmten Nennwerten ausgegeben haben, die nach dem Verhältnisse dieser Werte den Pfandbriefgläubigern gleiche Rechte gewähren. Die Summe der ausgegebenen Schuldverschreibungen muß zusammen mindestens 300000 Mark und die Zahl der ausgegebenen Stücke mindestens 300 betragen. Abgesehen natürlich von unausgegebenen oder eingezogenen Stücken tragen auch die im Besitz der Bank befindlichen Pfandbriefe dazu bei, die vom § 1 geforderten Zahlen zu erreichen, obwohl sie bei der Beschlußfassung nach § 10 IV SVG. nicht mitzuzählen sind. Daß die Ausgabe der Pfandbriefe auf einmal in der angegebenen Höhe geschehen ist, also die ziffernmäßigen Voraussetzungen von Anfang

[1] So Jaeger Anm. 7—10 zu § 153. Vgl. die ausführliche Darstellung bei Seuffert ZZP. 27, S. 108 ff.

an vorliegen, wird nicht gefordert.[1] Es würde sonst durch die Praxis der Hypothekenbanken, die einzelnen Serien in Anpassung an den Geschäftsgang schubweise auch in kleineren Portionen als 300000 Mark auszugeben, die Versammlungsrechte der Pfandbriefgläubiger leicht verkümmern können.

Sind den Pfandbriefgläubigern einer Hypothekenbank nicht gleiche Rechte eingeräumt, so können sie nur mehrere beschlußfähige Versammlungen bilden, so z. B. wenn die Pfandbriefe höher oder niedriger verzinslich, später oder früher kündbar, ausgelost oder nicht ausgelost sind. Da die Konkurseröffnung alle Forderungen fällig macht und den Zinslauf unterbricht, so fallen mit diesem Zeitpunkte alle diese Hindernisse weg. Gläubigerklassen, die früher mehrere Versammlungen bilden mußten, können und müssen jetzt zu einer einzigen Versammlung zusammentreten. Die Beschlußfähigkeit der Teilversammlungen erlischt im Augenblick der Konkurseröffnung.[2] Gläubigerklassen, die wegen der zu geringen Stückzahl oder Summe der Nennwerte ihrer Pfandbriefe früher nicht in den Bereich des § 1 SVG. fielen, sind jetzt zur Teilnahme der durch die Konkurseröffnung erweiterten Pfandbriefgläubigerversammlung berechtigt, und ihren Beschlüssen unterworfen.

Sinkt der Gesamtbetrag der im Umlauf befindlichen Pfandbriefe unter 100000 Mark oder die Zahl der im Umlauf befindlichen Stücke unter 100, und ist dies vom Schuldner im Deutschen Reichsanzeiger bekannt gemacht, so erlischt mit dem Beginn des auf die Bekanntmachung folgenden Tages die Beschlußfähigkeit der Versammlung (§ 2 SVG.) Im Konkurs wird die Summe der Nennwerte durch die Dividendenauszahlung verringert. In diesem Falle, an den der Gesetzgeber offenbar nicht gedacht hat, kann man wohl von der Veröffentlichung nach § 2 absehen. Denn mit der Beschlußunfähigkeit der Pfandbriefgläubigerversammlung wäre auch der Wegfall eines etwaigen Konkursvertreters der Pfand-

[1] Könige Anm. 27 zu § 1 hält dies für erforderlich. Wie hier Bonschab, S. 2 uud die Begründung zum SVG. zu § 1.

[2] Es empfiehlt sich vielleicht aus praktischen Gründen, diese Wirkung in analoger Anwendung des § 2 SVG. erst mit Beginn des auf die Bekanntmachung der Konkurseröffnung folgenden Tages eintreten zu lassen.

briefgläubiger gegeben (§ 2 SVG. am Ende), und so müßte kurz vor der Konkursbeendigung wegen der letzten Auszahlung noch eine Umwälzung des Verfahrens eintreten. Anders ist es, wenn die Stückzahl unter 100 sinkt. Dies kann eintreten, wenn keine Dividendenverteilung stattfindet, sondern die einen Pfandbriefgläubiger eher als die andern befriedigt werden, was ja an sich durch den § 170 KO. ermöglicht ist. In diesem Falle hat die Veröffentlichung unbedingt zu geschehen. Obwohl nicht eigentlich ein Akt der Massenverwaltung, ist sie wegen des untrennbaren Zusammenhanges mit dieser vom Konkursverwalter zu besorgen.

Die Versammlung wird außerhalb des Konkurses von der Hypothekenbank berufen, die auch in den meisten Fällen die Kosten der Berufung und Abhaltung zu tragen hat (§ 3 I SVG.). Sie kann dies aus eigner Initiative tun. Verpflichtet ist sie dazu, wenn Pfandbriefgläubiger, deren Pfandbriefe zusammen mindestens den zwanzigsten Teil des Gesamtbetrages der im Umlauf befindlichen Pfandbriefe erreichen, oder ein von der Pfandbriefgläubigerversammlung bestellter Vertreter der Pfandbriefgläubiger die Berufung unter Angabe des Zweckes und der Gründe verlangt. Wird diesem Verlangen nicht entsprochen, so kann das Amtsgericht, in dessen Bezirk sich der Verwaltungssitz der Bank befindet, die Antragsteller zur selbständigen Berufung der Versammlung ermächtigen (§ 4 I SVG.). Das darauf abzielende Verfahren gehört der freiwilligen Gerichtsbarkeit an. Die Aufsichtsbehörde kann die Pfandbriefgläubigerversammlung auf Kosten der Bank berufen oder die Berufung durch die Bank anordnen, ohne vorher das zuständige Amtsgericht angehen zu müssen. Sie hat das Recht, einen Vertreter in die Versammlung zu entsenden (§ 5 II, III SVG.).

Die Form der Berufung regelt § 6 SVG. Der Zweck der Versammlung soll bei der Berufung bekanntgemacht werden. Da die Bekanntmachung eines Gegenstandes die Voraussetzung eines Beschlusses über ihn bildet, so stehen der Pfandbriefgläubigerminderheit, dem Vertreter und der Behörde hinsichtlich der Bekanntmachung die gleichen Rechte zu wie hinsichtlich der Berufung (§ 7). Das Amtsgericht kann aus eigener Initiative keine derartige Bekanntmachung eines Gegenstandes ergehen lassen. Der Leiter der Versammlung wird, falls nicht vom Amtsgericht gemäß

§ 4 III SVG. Bestimmungen über den Vorsitz getroffen worden sind, von der Versammlung selbst gewählt.

Wird der Konkurs eröffnet, so erleiden die Vorschriften einige Durchbrechungen (§ 18 SVG.). Die Einberufung erfolgt nunmehr allein durch das Konkursgericht. Auch das selbständige Berufungsrecht der Aufsichtsbehörde fällt weg. Doch bleibt ihr ein Antragsrecht auf Berufung ebenso wie der Gläubigerminderheit und dem Vertreter der Pfandbriefgläubiger erhalten. Neue Antragsrechte erhalten der Konkursverwalter und der Gläubigerausschuß. Die Leitung der Versammlung nimmt das Gericht in seine Hände. Die Vorschriften der §§ 136, 139 ZPO. und der §§ 177—185 GVG. über die Sitzungspolizei finden entsprechende Anwendung.[1] Die Tätigkeit des Konkursgerichts hinsichtlich der Versammlung gehört zwar begrifflich ebenso wie die des berufenden Amtsgerichtes außerhalb des Konkurses der freiwilligen Gerichtsbarkeit an. Doch unterliegen seine Beschlüsse kraft positiver Vorschrift der sofortigen Beschwerde des Zivilprozeßrechtes (§§ 73 III, 72 KO. mit 577 ZPO.). Gewährt das Gesetz dem Konkursgericht die Möglichkeit, aus eigener Initiative jederzeit die Versammlung einberufen, also damit die Entscheidung über die Zweckmäßigkeit der Berufung zu fällen, so wird man ihm auch, obwohl dies im Gesetz nicht ausdrücklich gesagt ist, das Recht auf Bekanntmachung von Gegenständen zwecks Beschlußfassung zubilligen müssen, und zwar sogar dann, wenn die Berufung im Einzelfall nicht aus eigener Initiative, sondern auf Antrag eines Antragsberechtigten[2] erfolgt.

II. Unverzüglich nach der Konkurseröffnung muß das Konkursgericht eine Versammlung der Pfandbriefgläubiger berufen um über die Bestellung eines gemeinsamen Vertreters beschließen zu lassen. Die Berufung kann unterbleiben, wenn schon vorher von einer Versammlung über die Bestellung eines solchen Vertreters Beschluß gefaßt worden ist. Doch ist dabei Voraussetzung, daß bei dessen Bestellung die Vertretungsmacht für den Konkurs mit in den Umfang seiner Befugnisse gemäß § 14 I SVG. einbezogen ist. Auch genügt es nicht, wenn nur von einer einzelnen Pfandbriefgläubigerklasse, die vor der Konkurseröffnung eine selbst-

[1] So Seuffert, S. 117.

[2] Ebenso Königе, Anm. 4 zu § 18.

ständige Versammlung bilden konnte, ein Vertreter mit dieser Befugnis gewählt worden ist. Denn mit dem Wegfall der Beschlußfähigkeit der Versammlung ist auch das Amt des Vertreters erloschen (§ 2 SVG. am Ende).

III. Um die Minderheit zu schützen, hat das Schuldverschreibungsgesetz den Kreis der Beschlüsse, die die Versammlung gültig fassen kann, eingeengt und versagt gefährlichen Beschlüssen die rechtliche Wirksamkeit. Sämtliche Beschlüsse, nicht nur die im § 11 SVG. bezeichneten, müssen für alle Gläubiger die gleichen Bedingungen festsetzen. Abweichungen von dieser Vorschrift sind nur mit Einwilligung der zurückgesetzten Pfandbriefgläubiger statthaft. Ferner müssen alle Beschlüsse „zur Wahrung der gemeinsamen Interessen“ der Pfandbriefgläubiger gefaßt sein (§ 1 SVG.). Der Sinn dieser Gesetzesworte ist nicht ganz deutlich. Heißt dies: Die Versammelten, deren Stimmen die für den Beschluß erforderliche Mehrheit ausmachten, müssen bei der Abstimmung subjektiv der Ansicht sein, daß der Beschluß ihren Interessen günstig sei, oder: der Beschluß muß objektiv die Interessen der Pfandbriefgläubiger fördern, oder vermittelnd: der Beschluß muß einem objektiven Beurteiler der Sachlage zur Zeit der Abstimmung als den Pfandbriefgläubigern nützlich erscheinen? Für die erste Ansicht spricht die Fassung des Gesetzes[1]; die Worte „zur Wahrung der gemeinsamen Interessen“ sind zum Prädikat „gefaßt werden“ gezogen, es ist also gesagt, daß die Beschlußfassung in der Absicht der Interessenwahrnehmung vor sich zu gehen hat. Doch kann es unmöglich der Wille des Gesetzes sein, die Gültigkeit so einschneidender Maßnahmen an einen so unsicheren und schwer faßbaren Tatbestand zu knüpfen. Wie soll nachträglich bewiesen werden, welche Absicht der einzelne von der großen Zahl der abstimmenden mit der Abgabe seiner Stimme verfolgte? Und soll ein Beschluß, der an sich tatsächlich zweckmäßig ist, nur deshalb umgestoßen werden, weil vielleicht ein paar Teilnehmer, welche die nötigen Stimmenzahl gerade voll machen, böswillig waren? Die zweite Ansicht, nur objektiv zweckmäßige Beschlüsse für gültig zu erklären, scheitert daran, daß

---

[1] Sie vertritt Könige, Anm. 30 zu § 1.

man dem Pfandbriefgläubiger unmöglich die Fähigkeit zumuten kann, nur richtiges zu beschließen. Die Gültigkeit jedes Beschlusses wäre in der Schwebe, da sich seine Zweckmäßigkeit oder Unzweckmäßigkeit erst später herausstellen würde. Nur die dritte Ansicht führt zu einem befriedigenden Ergebnis. Im Streitfalle ist der objektive Beurteiler das Prozeßgericht.

Ungültig sind Beschlüsse, die für die Pfandbriefgläubiger eine Verpflichtung begründen würden (§ 1 III SVG.). Daran scheitert innerhalb wie außerhalb des Konkurses die Möglichkeit, zum Zwecke von Transaktionen die rechtliche Natur der Pfandbriefe zu ändern, z. B. in Aktien einer Hypothekenbank, die die Deckungsmasse und die Pfandbriefschulden der notleidenden Bank zugleich übernimmt, zu verwandeln. Hierzu wäre die Übereinstimmung aller Pfandbriefgläubiger nötig, weil mit der Aktienübernahme auch Forderungen begründet würden. Außerhalb des Konkurses ist eine Aufgabe von Rechten der Pfandbriefgläubiger nur zur Abwendung einer Zahlungseinstellung oder eines Konkurses möglich (§ 11 I SVG.). Nach dem oben erörterten muß hier für einen objektiven Beurteiler vom Zeitpunkte der Abstimmung aus die Gefahr einer Zahlungseinstellung oder eines Konkurses gedroht haben und der Beschluß müßte ihm als geeignetes Abwendungsmittel gegen diese Gefahr erschienen sein. Ein solcher Beschluß muß für alle Pfandbriefgläubiger gleiche Bedingungen festsetzen und bedarf obendrein der Bestätigung der Aufsichtsbehörde (§§ 12 I, 13 SVG.).[1] Auf die dem Nennwerte der Pfandbriefe entsprechenden Kapitalanteile kann außerhalb des Konkurses überhaupt nicht verzichtet werden (§ 12 III SVG.). Im Konkurs dagegen muß ein solcher Beschluß schon zwecks Beteiligung an einem Zwangsvergleich zulässig sein. Es entfällt dann auch das Bestätigungsrecht der Aufsichtsbehörde, am Erfordernis der gleichen Bedingungen für alle Pfandbriefgläubiger wird hingegen festgehalten (§ 18 VI SVG.).

[1] Die Möglichkeit dieses Verzichtes durch einen Mehrheitsbeschluß bildet einen interessanten Ansatz zur gesetzlichen Regelung eines Konkursabwendungsvergleiches. Bricht der Konkurs trotzdem aus, so wird der Beschluß hinfällig, auch wenn er nicht ausdrücklich auflösend bedingt ist. Näheres siehe Jaeger, Anm. 16 zu § 173, Anm. 3 zu § 195.

Zu den formellen Voraussetzungen der Gültigkeit eines Beschlusses gehört die bereits oben erwähnte Ankündigung der Gegenstände, über die Beschluß gefaßt werden soll (§ 7 II SVG.). Jeder Beschluß muß von einem Richter oder Notar protokolliert werden (§ 9 SVG.). Im Konkurs nimmt nur das Gericht die Protokollierung vor, da es die Versammlung zu leiten hat.[1]

IV. Die Beschlüsse bedürfen im allgemeinen der Mehrheit der abgegebenen Stimmen, ohne Rücksicht auf die Zahl der Teilnehmer. Die Mehrheit wird nach den Beträgen der im Umlauf befindlichen, in der Versammlung vertretenen Pfandbriefe berechnet. Im Umlauf befindlich sind auch verloste und anderweit gekündigte Pfandbriefe, die am Einlösungstag nicht vorgelegt worden sind. Bei Gleichheit der Stimmen entscheidet die Zahl. Beschlüsse, die eine Auflage oder Beschränkung von Rechten der Pfandbriefgläubiger festsetzen, bedürfen einer Dreiviertelmehrheit der abgegebenen Stimmen, und diese Mehrheit muß die in § 11 II SVG. bestimmten Teilbeträge der Gesamtsumme der im Umlauf befindlichen Pfandbriefe erreichen. Die Stimmen zählen nur dann, wenn sie auf Grund von Pfandbriefen abgegeben sind, die spätestens 2 Tage vor der Versammlung bei einer nach § 10 II SVG. geeigneten Stelle hinterlegt worden sind. Im Konkurs wird die Hinterlegungsstelle vom Konkursgericht bestimmt.

Die Hypothekenbank ist für die in ihrem Besitz befindlichen Pfandbriefe nicht stimmberechtigt.[2] Steht der Bank ein Pfandrecht oder Zurückbehaltungsrecht an Pfandbriefen zu, so soll dies die Stimmrechte der betreffenden Inhaber nicht verkümmern. Sie hat deshalb die Hinterlegung unter Wahrung ihres Rechtes selbst zu besorgen (§ 10 IV SVG.). Gegen andere Pfand- oder Zurückbehaltungsberechtigte findet diese Vorschrift nicht einmal entsprechende Anwendung. Sie sind schon durch ihren Besitz, der den Pfandbriefgläubigern die Hinterlegung und damit auch die

---

[1] So Stern S. 72.

[2] Warum der Gesetzgeber die Entziehung des Stimmrechtes auf den Besitz und nicht auf das Eigentum an den Pfandbriefen abgestellt hat, ist nicht ersichtlich. Denn wenn die Hypothekenbank Pfandbriefe, die ihr nicht gehören, im Besitz hat, so ist doch auch der Ausschluß des Stimmrechtes ungerechtfertigt.

Abstimmung unmöglich macht, gegen eine Stimmenabgabe, die den Wert des Pfandbriefes und damit auch den Wert ihres Rechtes herabsetzen könnte, geschützt. Kommt aber trotzdem bei der Abstimmung ein für sie ungünstiges Ergebnis heraus, so müssen sie sich die Verkümmerung ihres Rechtes gefallen lassen. Der § 1276 BGB. findet keine Anwendung. Diese Vorschrift soll nur verhindern, daß die einzelne Stimme, die der Eigentümer abgibt, falls trotz des fremden Rechtes an dem Pfandbrief doch eine Hinterlegung desselben stattgefunden hat, das Abstimmungsergebnis in einem für den Drittberechtigten ungünstigen Sinne nicht beeinflussen kann.

V. Verstöße gegen die formellen oder materiellen Voraussetzungen haben die Nichtigkeit des Beschlusses zur Folge. Bestätigung eines Beschlusses durch die Aufsichtsbehörde kann dessen Nichtigkeit nicht heilen. Ist ein Beschluß durch Irrtum, arglistige Täuschung oder widerrechtlich durch Drohung zustande gebracht, so ist die einzelne Stimmabgabe anfechtbar. Haben die Anfechtungen den Erfolg, daß die nötige Mehrheit verloren geht, so fehlt es an einer formellen Voraussetzung, der Beschluß ist also ipso iure nichtig. Die Nichtigkeit kann dann frei geltend gemacht werden. Der Feststellungsprozeß über die Gültigkeit oder Ungültigkeit wird in der Regel zwischen der Hypothekenbank und einem Gläubiger geführt werden. Doch sind auch Fälle denkbar, in denen Pfandbriefgläubiger untereinander prozessieren. Die Anfechtenden bilden keine notwendige Streitgenossenschaft. Das Urteil wirkt nur unter den Parteien. Soweit Bank oder Pfandbriefgläubiger nicht Parteien sind, können sie als Nebenintervenienten dem Prozeß beitreten, nicht dagegen die Aufsichtsbehörde, da sie ein im Wege des Zivilprozesses überhaupt nicht verfolgbares öffentliches Recht an dem gültigen Zustandekommen der Beschlüsse hat.[1] Aus diesem Grunde kann sie auch als Hauptpartei den Prozeß nicht führen.

B. Der Vertreter der Pfandbriefgläubiger.

I. Die unverzüglich nach der Konkurseröffnung zu berufende Versammlung der Pfandbriefgläubiger hat einen Beschluß über die

[1] Hinsichtlich der Interventionsmöglichkeit der Aufsichtsbehörde abweichend Könige, Anm. 6 zu § 7.

Bestellung eines gemeinsamen Vertreters im Konkursverfahren zu schaffen. Ist schon ein Konkursvertreter bestellt, oder ist ein Antrag auf Bestellung im Hinblick auf den drohenden Konkurs, der nunmehr tatsächlich ausgebrochen ist, abgelehnt worden[1], so kann ein neuer Beschluß unterbleiben (§ 18 III SVG.). Doch muß diese Bestellung oder die Ablehnung eines solchen Antrages gemäß § 14 I SVG. ausdrücklich die Ermächtigung zur Vertretung im Konkurs enthalten, auch darf die Bestellung oder die Ablehnung nicht von einer Versammlung ausgegangen sein, deren Beschlußfähigkeit mit der Konkurseröffnung oder schon früher weggefallen ist. Ein vor der Konkurseröffnung bestellter Vertreter kann natürlich auch zur Stellung des Antrags auf Konkurseröffnung bevollmächtigt werden.

Eine wesentliche Voraussetzung auf Verfolgung der Pfandbriefforderungen im Konkurs bildet das Vorhandensein eines Vertreters nicht. Die Pfandbriefgläubigerversammlung hat ihrer Pflicht auch dann schon genügt, wenn der Beschluß die Bestellung eines Konkursvertreters ablehnt. Abgesehen davon, daß der Wortlaut des Gesetzes gegen die Ansicht spricht, die Vertreterbestellung obligatorisch zu machen, ist noch folgendes zu beachten: Da das Gesetz für die Vergütung des Vertreters keine Vorsorge getroffen hat, die Versammlung aber nach § 1 III SVG. den Pfandbriefgläubigern niemals eine Verpflichtung auferlegen kann, so müssen die bei der Abstimmung Beteiligten für die Beischaffung der zur Vergütung nötigen Mittel sorgen. Diese Last konnte man aber einer meistens wahrscheinlich nur kleinen Pfandbriefgläubigerversammlung nicht aufbürden.[2]

Die Bestellung kann erfolgen durch einen einfachen Mehrheitsbeschluß der in der Versammlung erschienen Pfandbriefgläubiger. Soll jedoch die Berechtigung der einzelnen Gläubiger zur selbständigen Teilnahme am Konkursverfahren durch die Vertreter-

---

[1] Nur mit dieser Einschränkung gibt der zweite Halbsatz von § 14 III einen Sinn. Oder sollte man das Unterlassen der Einberufung darauf stützen können, daß etwa vor 40 Jahren, als damals gerade die Geschäfte stockten, im Hinblick auf einen damals möglichen Konkurs die Vertreterbestellung abgelehnt wurde? Ohne diese Einschränkung Seuffert, S. 113.

[2] So die herrschende Ansicht. Abweichend Bonschab S. 24.

bestellung ausgeschlossen werden, so macht sich eine qualifizierte Mehrheit nötig (§ 14 II SVG.). Ohne einen solchen Beschluß läßt der Vertreter die Einzelverfolgung unberührt.[1] So wünschenswert der Ausschluß zur glatten Abwicklung des Konkurses auch sein mag, so wird doch vielfach die dazu nötige qualifizierte Mehrheit nicht aufzubringen sein. Darum mußte der Gesetzgeber, wollte er für viele Fälle nicht ganz auf den Vertreter verzichten, ihn auch ohne Ausschluß der Einzelbeteiligung zulassen.[2]

In der Auswahl des Konkursvertreters ist die Versammlung frei. Nur ist es wünschenswert, daß sie nicht gerade den Konkursverwalter wählt, damit ihr Vertreter im Falle einer Interessenkollision mit den gemeinen Gläubigern ihre Rechte unbeeinflußt verteidigen können.

II. Der Konkursvertreter ist in erster Linie prozessualer Vertreter des einzelnen Pfandbriefgläubigers, mag nun die Einzelbeteiligung der Pfandbriefgläubiger am Konkurs ausgeschlossen sein oder nicht. Für ihn gelten daher die Vorschriften der Zivilprozeßordnung über den Prozeßbevollmächtigten (§ 72 KO.). Die Vollmachtserteilung für den Konkurs ist also eine Prozeßhandlung im weiteren Sinne. Es ist möglich, die Vollmacht auf einzelne Prozeßhandlungen zu beschränken (§ 83 II ZPO.). Ist die Einzelbeteiligung am Konkurs nicht ausgeschlossen, so kann der einzelne Pfandbriefgläubiger den ihm aufgedrungenen Vertreter anerkennen, aber doch neben ihm tätig werden. Er verdrängt ihn, soweit sein Handeln mit dessen Handeln in Widerspruch steht. Er kann also insbesondere selbständig fremde Forderungen bestreiten und Feststellungsprozesse führen. Es ist ihm aber auch möglich, durch eine einseitige empfangsbedürftige Willenserklärung dem Vertreter gegenüber die Vollmacht zu widerrufen. Dem Gegner, d. h. der Hypothekenbank, dem Konkursverwalter und den anderen Gläubigern gegenüber erlangt der Widerruf erst durch die Anzeige des Erlöschens der Vollmacht rechtliche Wirkung (§ 87 ZPO.). Das Recht, dem Vertreter bindende Anweisung zu geben, wird man

---

[1] So die herrschende Ansicht, insbesondere Seuffert, S. 122f. Abweichend Könige, ZZP. 28, S. 423ff.

[2] Der Entwurf des Schuldverschreibungsgesetzes § 12 II, wollte die Einzelbeteiligung stets ausschließen, wenn ein Vertreter bestellt wäre.

aber dem einzelnen Pfandbriefgläubiger nicht zubilligen können. Die Aufrechnung mit einer Pfandbriefforderung gegen eine Forderung der Gemeinschuldnerin steht unter den gegebenen Voraussetzungen jedem Pfandbriefgläubiger frei, auch wenn die Einzelbeteiligung am Konkurs, aber auch nur diese, ausgeschlossen worden ist. Denn sie erfolgt außerhalb des Konkursverfahrens. Sonst aber sind Handlungen des Einzelnen beim Ausschluß der Einzelverfolgung ungültig. Sein Bestreiten hindert nicht die Feststellung zur Tabelle; in einem von ihm betriebenen Feststellungsprozeß ist er mangels Sachlegitimation abzuweisen. Gegen Lässigkeiten des Vertreters schützt ihn eine Klage auf Erfüllung des Dienstvertrages, welcher der Konkursvollmacht zugrunde liegt.

III. Es empfiehlt sich, bei der Bestellung den Umfang der Vollmacht gemäß § 14 I SVG. genau zu bestimmen. Zwar ist die Bestellung nicht ungültig, wenn sie lediglich die Bevollmächtigung für den Konkurs ohne weitere Beifügung enthält. Doch ergeben sich daraus manche Unklarheiten. Es ist z. B. fraglich, ob ein so allgemein bestellter Vertreter auch zur Führung von Feststellungsprozessen und zum Empfang von Dividendenauszahlungen ermächtigt ist. Man wird die Frage verneinen müssen, da beide Rechtshandlungen nicht eigentlich dem Konkursverfahren angehören.[1]

IV. Auch dem lediglich für den Konkurs bestellten Vertreter steht das Recht zur Teilnahme an den Beratungen (nicht Abstimmungen) der Generalversammlung der Bankaktionäre und auf Mitteilung von Schriftstücken, die sich auf Verhandlungen in der Generalversammlung oder auf die Vermögenslage oder den Geschäftsbetrieb der Bank beziehen, in gleichem Umfang wie einem Aktionär zu. Zur Anmeldung der Forderungen bedarf es der Beifügung der Pfandbriefe nicht (§ 19 SVG. gegen § 139 KO.). Es können daher auch die Forderungen unbekannter Pfandbriefgläubiger angemeldet werden. Die Ermittlung der Forderungen erfolgt aus den Büchern der Hypothekenbank. Doch auch dann, wenn diese unrichtig geführt oder vernichtet sind, ist die An-

[1] So auch Könige, Anm. 3 zu § 18, der einer allgemein gehaltenen Vollmachtserteilung nur die Ausdehnung auf Anmeldung der Forderungen und Abstimmung in der Gläubigerversammlung zubilligen will.

meldung ohne Pfandbriefvorlage in der vom Vertreter angegebenen Höhe gültig und darf nicht a limine abgewiesen werden. Soweit der Vertreter die Pfandbriefe nicht freiwillig beibringt, wird auch der § 145 I Satz 2 KO. hinfällig, der es dem Gerichtsschreiber zur Pflicht macht, das Ergebnis der Erörterung im Prüfungstermin auf den Schuldurkunden zu vermerken. Denn das Gesetz will die Beteiligung am ganzen Verfahren ohne Pfandbriefvorlage möglich machen. Nur zur Abhebung von Auszahlungen ist die Vorlage vorgeschrieben (§ 19 SVG.).

V. In der Gläubigerversammlung kann der Vertreter für alle von ihm vertretenen Pfandbriefgläubiger nur in einem Sinne abstimmen, ebenso wie die Versammlung, die ihn bestellt hat, mit einem Munde redet, wenn auch die überstimmte Minderheit anderer Meinung war.[1] Kommt es bei der Abstimmung in der Gläubigerversammlung auf die Kopfzahl der Gläubiger an, wie dies in seltenen Fällen nach § 94 III und § 182 Nr. 1 KO. möglich sein kann, so ergeben sich Schwierigkeiten, weil man vielfach nicht weiß, wie groß die Zahl der unbekannten Gläubiger ist, die Pfandbriefe in Händen haben und vertreten werden. Um diese Lücke auszufüllen, muß der Konkursrichter im Streitfalle durch unanfechtbaren Beschluß festsetzen, für wieviele Pfandbriefgläubiger der Vertreter zu stimmen habe (entsprechende Anwendung von § 96 KO.).[2]

VI. Zur Führung von Feststellungsprozessen bedarf der Vertreter, wie oben erwähnt, einer besonderen Ermächtigung. Er kann die Prozesse im Namen der Pfandbriefgläubigergesamtheit oder auch nur einiger ihm bekannter Gläubiger führen. Das Letztere ist wegen der erweiterten Rechtskraft des § 147 KO. an sich genügend. Tritt er im Namen der Gesamtheit auf, so trifft der § 14 IV die Bestimmung, daß er dann die Stellung eines gesetzlichen Vertreters haben soll. Die Vorschrift, die haupt-

[1] Ebenso Könige, Anm. 3 zu § 18.

[2] So die herrschende Ansicht, insbesondere Jaeger, Anm. 5 zu § 139. Seuffert ZZP. S. 129 behauptet, der Vertreter könne nur eine Stimme abgeben, da er einen organisierten Verband vertritt; doch ist der Vertreter in erster Linie eben Vertreter der einzelnen Pfandbriefgläubiger. Über Abstimmung im Zwangsvergleich siehe unten S. 60.

sächlich zum Zwecke prozessualer Erleichterungen, insbesondere bei Parteieidesleistungen geschaffen wurde, hat den Hypothekenbankkonkurs durch die Schöpfung eines eigenartigen Prozeßsubjektes, der Gesamtheit der Pfandbriefgläubiger im prozessual-technischen Sinne handlicher gemacht. Eine solche Gesamtheit im Sinne des § 14 IV, wird auch von einer Anzahl Gläubiger gebildet, die vor der Konkurseröffnung eine Gesamtheit war, d. h. zu einer beschlußfähigen Versammlung im Sinne von § 1 SVG. zusammentreten konnte, aber mit dem Fälligwerden der Forderungen und der Unterbrechung des Zinslaufes durch den Konkurs in eine größere Gesamtheit aufgegangen sind. Dies ist etwa der Fall, wenn nur eine Serie von Pfandbriefen bestritten wird. Ohne diese erweiternde Auslegung würden für alle derartigen Fälle die prozessualen Erleichterungen, die der § 14 IV bezweckt, hinfällig werden. Führt der Vertreter den Prozeß im Namen der Gesamtheit durch, so finden die Vorschriften des ersten, nicht des vierten Titels des ersten Buches der Zivilprozeßordnung zweiter Abschnitt Anwendung (§ 72 KO.). Der einzelne Gläubiger ist dann von der Führung des Prozesses ausgeschlossen, um so mehr, als der Vertreter der Gesamtheit auch ohne besondere Genehmigung Verzichte leisten kann (§ 54 ZPO. gegen § 14 III SVG.). Daher bedarf die Vertreterbestellung der qualifizierten Mehrheit des § 11 II SVG. Nebenintervention einzelner Pfandbriefgläubiger ist in den Feststellungsprozessen statthaft. Wird der Prozeß im Namen der einzelnen Gläubiger geführt, so fallen ihnen die Kosten zur Last, nur in der Höhe, in der die Masse durch den Prozeß bereichert ist, sind sie Massenschuldner (§§ 147, 49 Nr. 3 KO.). Für die Kosten eines im Namen der Gläubigergesamtheit geführten Rechtsstreites haftet die Hypothekenbank (§ 14 IV, Satz 2, SVG.), unbeschadet ihres Rückgriffes gegen die Pfändbriefgläubiger. Diese können dann mit ihren Forderungen gegen die Rückgriffsforderungen aufrechnen. Haben sie schon den Erlös aus der Deckungsmasse vollständig erhalten, und verfolgen sie nur ihre Ausfallsrate in die gemeine Masse, so kann ihnen die Aufrechnung im Kampfe mit den nichtbevorrechteten Gläubigern einen nicht unbeträchtlichen Vorteil bringen. Daher wird der Vertreter gut daran tun, wenn er die Feststellungsprozesse im Namen der Gesamtheit führt.

Die Erhebung der Dividende durch den einzelnen Pfandbriefgläubiger kann nicht ausgeschlossen werden (§ 19 SVG. am Ende).

VII. Das Amt des Vertreters erlischt durch Widerruf. Dieser muß von der Pfandbriefgläubigerversammlung ausgehen und bedarf der in § 14 VI SVG. bestimmten qualifizierten Mehrheit. Es endigt ferner, wenn alle Pfandbriefgläubiger befriedigt sind oder wenn die Versammlung, die ihn bestellt hat, die Beschlußfähigkeit verliert. Außerdem erlischt sein Amt, wenn die beiden vorhergehenden Fälle nicht eingetreten sind, mit der Beendigung des Konkurses, falls er nur für diesen Konkurs bestellt war.

VIII. Die durch das Schuldverschreibungsgesetz der Pfandbriefgläubigerversammlung und dem Vertreter der Pfandbbrief gläubiger eingeräumten Befugnisse können durch Festsetzungen in den Pfandbriefen nicht ausgeschlossen oder beschränkt werden § 20 SVG.). Die Bestimmungen des Schuldverschreibungsgesetzes finden auch auf Pfandbriefe Anwendung, die vor dem Tage des Inkrafttretens des Schuldverschreibungsgesetzes, d. h. vor dem 1. Januar 1910, ausgegeben worden sind.

IX. Die Befugnisse und Verpflichtungen eines Vertreters, der auf Grund einer bei Ausgabe der Pfandbriefe in verbindlicher Weise getroffenen Festsetzung erfolgt ist, werden durch die Bestimmungen des Schuldverschreibungsgesetzes nicht berührt (§ 16, I.). Ein Pfandhalter nach § 1189 BGB. kommt für uns nicht in Betracht, wohl aber ein Vertragsvertreter. Die Vertretungsmacht des Vertragsvertreters für den einzelnen Pfandbriefgläubiger gründet sich auf den Erwerb des Pfandbriefes, dessen Text eine dahingehende Bestimmung enthalten muß. Er ist ohne weiteres berufen, dieselben Rechte geltend zu machen, die einem von der Pfandbriefgläubigerversammlung bestellten Vertreter nach den Vorschriften des § 3 und § 7, III SVG. hinsichtlich der Berufung der Versammlung und der Ankündigung von Gegenständen zur Beschlußfassung zustehen (§ 16, II SVG.). Dagegen muß er zur Vertretung im Konkurs ausdrücklich ermächtigt werden. Übrigens ist der Umfang seiner Vollmacht nicht durch die Schranken des Schuldverschreibungsgesetzes eingeengt, da er von jedem einzelnen Pfandbriefgläubiger als Vertreter anerkannt, die Gefahr einer Vergewaltigung des Einzelnen gegen seinen Willen nicht zu befürchten ist. So kann er insbesondere zu Verzichtleistungen auch ohne den besonderen Beschluß nach § 14 III SVG. ermächtigt werden. Sollte sich der kaum denkbare Fall ereignen, daß ein Vertragsvertreter und ein von der Versammlung bestellter Vertreter in Streit geraten, so würde die Ansicht des Vertragsvertreters vorgehen (§ 16, 1 SVG.).

§ 7.

Massegläubiger.

I. Die Zweiteilung der Konkursmasse fordert eine vom Regelkonkurs abweichende Behandlung der Massegläubiger. Um eine Benachteiligung der nichtbevorrechtigten Konkursgläubiger zu verhüten, trifft das Hypothekenbankgesetz im § 35, IV folgende Bestimmung:

> Während des Konkurses der Hypothekenbank sind die Kosten einer Versammlung der Pfandbriefgläubiger, die nach den Vorschriften des Gesetzes, betreffend die gemeinsamen Rechte der Besitzer von Schuldverschreibungen, berufen wird, aus dem zur vorzugsweisen Befriedigung der letzteren dienenden Teile der Konkursmasse zu berichtigen.

Und die Begründung fügt auf Seite 56 hinzu:

> Sonstiger Kostenvorschriften bedarf es nicht. Es ergibt sich von selbst, daß die Kosten, die durch Verwertung der einzelnen Massegegenstände entstehen, demjenigen Teile der Masse zur Last fallen, zu welchem sie gehören, und daß im übrigen zur Berichtigung der Massekosten und Masseschulden die in das Hypothekenregister eingetragenen Hypotheken und sonstigen Bestandteile der Masse nach dem Verhältnis ihres Wertes beizutragen haben.

Der Ansicht der Begründung, daß überhaupt die Last der Masseansprüche auf beide Massen zu verteilen sei, ist beizutreten.

Allerdings könnte man das Prinzip der Bevorrechtung der Pfandbriefgläubiger derart ausdehnen, daß die gemeinen Gläubiger der Deckungsmasse überhaupt jede Last abzunehmen hätten.[1] Dafür spricht auch, daß die Verteilung ziemliche Schwierigkeiten, Arbeit und Kosten verursacht, die vielleicht dem zu erreichenden Erfolge einer gerechten Verteilung nicht immer entsprechen werden, zumal da in vielen Fällen die Verteilung nicht von ausschlaggebender Bedeutung ist. Denn was die gemeinen Gläubiger dadurch gewinnen, daß der gemeinen Masse, Masseschulden und Massekosten von der Deckungsmasse abgenommen werden, verlieren sie zum Teil dadurch wieder, daß sich um dieselbe Summe die Ausfallsrate der Pfandbriefgläubiger vergrößert, ihre eigene Dividende also eine dementsprechende Verringerung erfährt.[2] Ist die Deckungsmasse so groß, daß sie die ihr aufgebürdeten Masseansprüche tragen kann, ohne daß die Pfandbriefgläubiger einen Ausfall erleiden, dann ist die Verteilung ohne jeden Belang. Alle Masseansprüche werden in diesem Falle praktisch von der zweiten Masse getragen, da die durch die Masseansprüche nicht erschöpfte Überdeckung gemeine Masse geworden wäre.

Manchmal aber werden sich doch durch die Verteilung beträchtliche Wertverschiebungen ergeben, so daß die Billigkeitserwägungen für die Ausdehnung des Prinzips des § 35 IV auch

---

[1] So Hillig, Anm. 10 zu § 35, aber ohne Begründung.

[2] Beträgt etwa im Konkurs einer reinen Hypothekenbank die gemeine Masse 20 Millionen, die Summe der Forderungen der gemeinen Gläubiger 2 Millionen, der Ausfall der Pfandbriefgläubiger 46 Millionen, die Gesamtheit der in Frage kommenden Masseansprüche 2 Millionen, so beläuft sich, wenn diese Ansprüche von der gemeinen Masse getragen werden, die Dividende auf 37,4 % von 18 Millionen. Werden hingegen die 2 Millionen Masseansprüche von der Deckungsmasse getragen, so bleibt die Deckungsmasse unberührt auf der Höhe von 20 Millionen. Aber diese 20 Millionen müssen die gemeinen Gläubiger mit den Pfandbriefgläubigern teilen, die nunmehr 48, nicht nur 46 Millionen Ausfallsrate befriedigen wollen. Folglich beträgt die Dividende dann 40 % von 20 Millionen. Je größer die Ausfallsrate ist, desto unbedeutender ist der Zuwachs, den die Dividende der gemeinen Gläubiger durch die Verteilung erfährt. Bei geringer Ausfallsrate bedeutet allerdings die Verteilung für die gemeinen Gläubiger einen Vorteil, als wenn Werte fast von der Höhe der abgewälzten Masseansprüche an sie verteilt würden.

auf andere als die angeführten Masseansprüche durchschlagend bleiben. Dies ist auch wirtschaftlich gerechtfertigt. Die Kosten der Verwertung sind wirtschaftlich eine Art Preisminderung, die wie jede andere Wertminderung dem zur Last fällt, der sich aus dem im Werte gesunkenen Gegenstand befriedigen will.[1] Daß die Deckungsmasse an der Last der Masseansprüche mitzutragen hat, beweist für die eigenartige Natur des Pfandbriefgläubigervorrechtes. Denn würde man dieses mit den allgemeinen Vorrechten der Konkursordnung auf eine Stufe stellen, so käme man allerdings dazu, alle Masseansprüche von der gemeinen Masse allein tragen zu lassen.

II. Über einen sehr wichtigen Punkt läßt uns das Gesetz im Unklaren. Es geht nicht deutlich aus ihm hervor, ob die Massegläubiger, soweit ihre Ansprüche von der einen Masse zu tragen sind, ihre Befriedigung nur aus dieser einen Masse suchen können, so daß sie also, wenn diese eine Masse erschöpft ist, mit ihren Forderungen ausfallen, oder ob sie in diesem Falle auch auf die andere Masse greifen dürfen, die Verteilungsvorschrift des § 35 IV HBG. mit ihrer durch die Begründung gegebenen Erweiterung also lediglich für das Innenverhältnis zwischen den beiden Massen maßgebend sei.[2] Die erste Ansicht ist allein haltbar. Sonst würde es geschehen, daß die Massegläubiger, deren Ansprüche

---

[1] Dagegen entbehrt es der Begründung, wenn Stern, S. 80, als Grund für die Erweiterung des Verteilungsprinzipes auf andere Masseansprüche anführt, daß die Massegläubiger den Pfandbriefgläubigern vorgingen. Das Verhältnis zwischen Massegläubigern und Pfandbriefgläuhigern berührt das Verhältnis zwischen den beiden Massen nicht im geringsten. Darüber siehe im Text weiter unten.

[2] Auch die Literatur hat die Frage bis jetzt nirgends klar zur Lösung gebracht, wie überhaupt das Kapitel Massegläubiger im Konkurs der Hypothekenbank etwas stiefmütterlich behandelt worden ist. Im allgemeinen schließen sich die Schriftsteller an die Worte der Begründung an. Jaeger scheint in Anm. 6 zu § 58 den Standpunkt zu vertreten, daß die Vorschrift des § 35 IV auch für das Außenverhältnis Geltung habe. Denn er spricht von eigenartigen Spezialmassekosten, und stellt eine vom § 60 KO. abweichende Rangordnung der Massegläubiger auf. Dies würde überflüssig, ja sogar unzutreffend sein, wenn er von der anderen Ansicht ausgegangen wäre. Kohler, Bankarchiv VI, S. 125, tut die Frage mit den Worten ab: „Die Kosten der Briefgläubigerversammlung nach den Briefgemeinschaftsgesetz werden als Absonderungskosten (sic!) auf das Deckungsvermögen gelegt.“

von der Deckungsmasse zu tragen sind, hinter den gemeinen Gläubigern zurückstehen und ebenso umgekehrt, die Pfandbriefgläubiger den aus der gemeinen Masse zu befriedigenden Massegläubigern, vorgehen würden. Wenn dies möglich sein sollte, hätte das Gesetz die Befriedigung der Pfandbriefgläubiger zum Sonderkonkurs ausgestalten müsse. Das ist aber nirgends geschehen. Die durch die Deckungsmasse bedingte Zweiteilung des Verfahrens ist sonst überall auf das interne Verhältnis beschränkt, nach außen erscheint der Konkurs der Hypothekenbank ebenso einheitlich wie der Regelkonkurs, und es wäre ungerechtfertigt, gerade in diesem einzigen Punkte ohne einen klaren Hinweis des Gesetzes das Gegenteil anzunehmen.

Die Begründung fordert, daß, abgesehen von den Kosten einer Pfandbriefgläubigerversammlung, die Kosten der Verwertung von derjenigen Masse getragen werden, die verwertet wurde. Im übrigen seien die Masseansprüche von beiden Massen im Verhältnis ihres Wertes zu tragen. Diese Verteilungsgrundsätze sind aber in zweifacher Richtung nicht ausreichend. Einerseits gibt es viele kostenverursachende Verwertungsakte, die nicht oder wenigstens nicht erkennbar nur der einen Masse zu gute gekommen sind. Hierzu werden z. B. Reisekosten des Verwalters, Anstellung von Personal, Darlehensaufnahmen zu rechnen sein. Die daraus entspringenden Masseansprüche können unmöglich einer Masse allein aufgebürdet werden. Andererseits ist es, wenn man schon überhaupt einmal eine gerechte Verteilung anstrebt, schlechterdings nicht einzusehen, warum nicht auch andere Masseansprüche als die durch die Verwertung entstandene von einer Masse allein getragen werden sollten, wenn es billiges Ermessen fordert. Warum soll z. B. deshalb, weil ein Hypothekenschuldner nach der Konkurseröffnung versehentlich zu viel Zinsen bezahlt und so die Deckungsmasse bereichert hat, die gemeine Masse geschmälert werden? Die Verteilung der Masseansprüche auf die beiden Massen muß daher nach anderen Grundsätzen geschehen als in der Begründung vorgeschlagen wird. Man muß davon ausgehen, ob die Rechtshandlung oder der sonstige Tatbestand, der den Masseanspruch zum Entstehen brachte, vorwiegend und deutlich erkennbar nur für eine Masse von Nutzen gewesen ist. Ist dies der Fall, so hat die betreffende Masse (natürlich nur im Innenverhältnis) den Masseanspruch allein zu tragen. Ist dies aber nicht der Fall, so tritt Verteilung im Verhältnisse des Wertes beider Massen ein. Andere Arten der Verteilung aber daß entweder eine Masse den Anspruch ganz allein trägt oder beide Massen im Verhältnis ihres Wertes die Tilgung auf sich nehmen, wird man in Übereinstimmung mit der Begründung wegen der damit verbundenen allzugroßen rechnerischen Schwierigkeiten nicht forden dürfen.[1]

Im einzelnen gestaltet sich die Verteilung dann folgendermaßen:

1. Die gerichtlichen Kosten für das gemeinschaftliche Verfahren (§ 58 Nr. 1 KO.) sind von beiden Massen im Verhältnis ihrer Werte zu tragen, ohne nähere Prüfung, ob die eine Masse diese Kosten in höherem Maße verursacht hat als die andere.[2] Dazu gehören auch die Kosten einer Aufnahme von Ermittelungen, die das Konkursgericht gemäß § 75 KO. zugunsten aus nur einer Masse angeordnet hat.

2. Die Kosten für die Verwaltung, Verwertung und Verteilung der Masse (§ 58 Nr. 3 KO.), zu denen auch die Kosten der Aktiv- und Passivprozesse über Massegegenstände zu rechnen sind, werden von einer Masse allein getragen, wenn der kostenverursachende Akt vorwiegend und erkennbar nur dieser Masse von Nutzen war.

3. Dasselbe gilt von den Massekosten des § 59 Nr. 1 KO., insbesondere von den Kosten der Aktiv- und Passivprozesse über Konkursforderungen, Ab- und Aussonderungsrechte und Masseansprüche. Die Ansprüche aus schuldhaften Handlungen des Konkursverwalters, z. B. solche, die durch verzögerte Erfüllung von Masse-, Aus- und Absonderungsrechten entstanden sind,

[1] Also z. B. nicht etwa folgende Verteilungsart: Die eine Masse trägt zunächst den Anteil, der gemäß einer Verteilung nach dem Wertverhältnis auf sie entfällt, dazu aber auch noch das doppelte, dreifache oder anderthalbfache dieses Anteils, vielleicht auch nur einen Bruchteil davon, je nachdem ihr die Entstehungsursache des betreffenden Anspruchs in höherem Maße zugute gekommen ist, als der anderen Masse.

[2] Vgl. JAEGER, Anm. 3 zu § 58: „Daß der kostenveranlassende Akt tatsächlich dem gemeinsamen Vorteile der Konkursgläubiger dient, wird nicht vorausgesetzt.“

müssen immer von beiden Massen im Wertverhältnis getragen werden.

4. Masseschulden nach § 59 Nr. 2 KO. sind von derjenigen Masse zu tragen, in welche die Gegenleistung fällt.

5. Ansprüche aus einer rechtlosen Bereicherung trägt die bereicherte Masse (§ 59 Nr. 3 KO.). Hierzu gehören auch die Ansprüche wegen der Kosten eines nur gegen einzelne Gläubiger geführten Feststellungsprozesses nach § 146 KO., aus dessen Urteil der einen oder der anderen Masse ein Vorteil erwachsen ist (§ 147 KO.).

6. Wie schon oft erwähnt, fallen die Kosten der Pfandbriefgläubigerversammlung allein der Deckungsmasse zur Last, aber auch diese Kosten würden in dem kaum denkbaren Falle gänzlicher Erschöpfung der Deckungsmasse aus der ausreichenden gemeinen Masse zu berichtigen sein.

Massekosten nach § 58 Nr. 3 KO, kommen im Hypothekenbankkonkurs nicht vor.

Der Wert der beiden Massen, in dessen Verhältnis die Last der Masseansprüche verteilt wird, bestimmt sich nach dem Ergebnis der Versilberung der Massen. Es ist kein Grund vorhanden, bei der Berechnung dieses Wertes die Masseansprüche, welche von einer Deckungsmasse allein zu tragen sind, von dieser vorher abzuziehen. Denn beide Massen verursachen diejenigen Kosten, die sie im Verhältnis ihres Wertes zu tragen haben, auch in ihrer vollen Höhe, nicht nach Abzug der ihnen allein aufgebürdeten Masseansprüche.

Wie bewiesen wurde, ändert sich im Außenverhältnis nichts. Für die Rangordnung bleiben die Grundsätze des § 60 KO. maßgebend. Eine andere Rangordnung aufzustellen, ist unstatthaft.[1]

[1] Eine solche Rangordnung haben Jaeger, Anm. 6 zu § 58 und ihm folgend Dannenbaum, Anm. 27 zu § 35 aufgestellt. Die allgemeinen, d. h. die von beiden Massen gemeinsam zu tragenden Masseansprüche seien zunächst aus der Gesamtmasse zu berichtigen, dann erst folge die Befriedigung der übrigen Massegläubiger.

§ 8.

Die Beendigung des Konkurses, insbesondere der Zwangsvergleich.

Hinsichtlich seiner Aufhebung oder Einstellung enthält der Hypothekenbankkonkurs keine Besonderheiten. Beide Beendigungsarten werden durch einen einzigen Gerichtsbeschluß angeordnet, die Aufhebung erst dann, wenn beide Massen verwertet sind. War die Hypothekenbank vor dem Konkurs noch nicht in das Liquidationsstadium eingetreten, so kann sie nach § 307, II HGB. durch Beschluß der Generalversammlung fortgesetzt werden.

Am Abschlusse eines Zwangsvergleichs können sich die Pfandbriefgläubiger nur in Höhe ihres Ausfalls oder Verzichts beteiligen. Die Höhe des mutmaßlichen Ausfalls wird nötigenfalls in entsprechender Anwendung des § 96 KO. durch Gerichtsbeschluß festgesetzt. Das Verfahren zwecks Verwertung der Deckungsmasse bleibt vom Zwangsvergleich unberührt.[1] Ist ein Konkursvertreter bestellt, so muß er zu einem Verzicht im Zwangsvergleich besonders ermächtigt werden. Diesen ermächtigenden Beschluß muß das Konkursgericht vor der Bestätigung oder Verwerfung des Zwangsvergleichs auf sein gesetzmäßiges Zustandekommen hin einer Prüfung unterziehen (§ 186 KO.). Einer besonderen richterlichen Bestätigung hingegen bedarf auch dieser Beschluß der Pfandbriefgläubigerversammlung nicht.[2] Ist kein Vertreter für den Zwangsvergleich bestellt, so ist eine vorherige Abstimmung der Pfandbriefgläubiger nicht unbedingt nötig. Sie brauchen nicht den gemeinen Gläubigern gegenüber als geschlossene Masse aufzutreten. Jeder einzelne Pfandbriefgläubiger stimmt dann unabhängig von einer etwaigen Majoritätsmeinung der Pfandbriefgläubiger. Die Ladung zum Vergleichstermin muß dem Vertreter und für den Fall, daß ein solcher nicht bestellt ist oder daß er die Vertretungsmacht für einzelne Gläubiger durch Widerruf ver-

---

[1] Dies meint wohl auch DANNENBAUM, wenn er in Anm. 41 zu § 35 behauptet, der Zwangsvergleich beziehe sich nur auf die freie Masse als solche. Auf die Konkursmasse als solche bezieht sich der Zwangsvergleich überhaupt nicht.

[2] Anders KÖNIGE, ZZP. 28 S. 428.

loren hat, den nichtvertretenen Pfandbriefgläubigern zugestellt werden.

Eine schon im Regelkonkurs vorhandene Schwierigkeit macht sich im Hypothekenbankkonkurs besonders bemerkbar. Nach § 190 KO. hat das Gericht nach der rechtskräftigen Bestätigung des Zwangsvergleichs unverzüglich die Aufhebung des Konkursverfahrens zu beschließen. Da es aber sehr leicht möglich ist, daß der Zwangsvergleich vor der Verwertung der Deckungsmasse rechtskräftig bestätigt wird, so würde auch hinsichtlich der Deckungsmasse die Hypothekenbank ihre volle Verfügungsfreiheit wiedererlangen, das Konkursvorzugsrecht der Pfandbriefgläubiger würde wirkungslos sein. Es bleibt daher kein anderes Mittel, als daß das Gericht die Bestätigung des Vergleichs bis zur Verwertung der Deckungsmasse zurückhält.[1]

In der Regel wird einem Zwangsvergleich ein Beschluß der Generalversammlung nach § 307 II HBG., betreffend die Fortsetzung der Hypothekenbank nach der Aufhebung des Konkursverfahrens, vorausgehen. Doch wird er nicht notwendig vorausgesetzt. Fehlt er, so schließt sich an das aufgehobene Konkursverfahren das Liquidationsverfahren des Handelsgesetzbuches an.

Anhang.

Der Konkurs derjenigen Hypothekenbanken, die Kommunal- und Kleinbahnobligationen und Grundrentenbriefe ausgeben.

Werden nach § 41 HBG. von einer Hypothekenbank auf Grund von nichthypothekarischen Darlehen, die an inländische Körperschaften des öffentlichen Rechtes oder gegen Übernahme der Gewährleistung durch eine solche Körperschaft gewährt sind, Schuldverschreibungen ausgeben, so finden unter anderen auf solche Geschäfte die Vorschriften des Hypothekenbankengesetzes entsprechende Anwendung, die sich auf den Konkursfall beziehen. Es sind dies die Vorschriften der §§ 22, 29—35. Sie gelten nur

[1] Unhaltbar ist die Ansicht Dannenbaum's, derzufolge der Konkursrichter im Fall des § 190 KO. den Konkursbeschlag nur hinsichtlich der gemeinen Masse aufheben soll.

für Hypothekenbanken. Der Konkurs anderer Anstalten, auch der in § 2 aufgeführten Gebilde, dem durch das Hypothekenbankgesetz an sich ein derartiger Geschäftsbetrieb nicht verboten ist, bleibt unberührt. Nach den genannten Vorschriften ist bei der betreffenden Hypothekenbank eine besondere Deckungsmasse zu schaffen, die in erster Linie aus den in das Komunaldarlehensregister eingetragenen Darlehen, aushilfsweise aus den in das gleiche Register eingetragenen Wertpapieren und dem dem Treuhänder zu Mitbesitz übergegebenen baren Geld besteht. Für die Eintragungen und den Besitz der Treuhänder gelten die oben im Kapitel: „Konkursmasse" näher ausgeführten Regeln. In derselben Weise ist durch § 42 HBG. die entsprechende Anwendung der §§ 22, 29—35 für den Konkurs solcher Hypothekenbanken angeordnet, die auf Grund von Darlehen, die an Kleinbahnunternehmungen gegen Verpfändung der Bahn, oder, wenn es die Satzung der Bank bestimmt, auf Grund von Forderungen aus Darlehen die an Kleinbahnunternehmungen gegen Übernahme der Gewährleistung durch eine inländische Körperschaft des öffentlichen Rechtes gewährt sind, Schuldverschreibungen ausgeben.[1] Gibt die Bank auf Grund von beiden Forderungsarten Schuldverschreibungen aus, so dient jede Art auch zur Deckung derjenigen Schuldverschreibungen, die zunächst auf Grund der anderen Forderungsart ausgegeben ist. Es ist nicht gestattet, Schuldverschreibungen auszugeben, denen nur die eine Art von Forderungen als Deckung dient. Geschieht dies trotzdem, so entbehren die Inhaber solcher Schuldverschreibungen überhaupt eines jeden Vorzugsrechtes im Konkurs. Verpfändung von Kleinbahnen erfolgt nach Landesrecht.[2] Kleinbahnen sind nach § 473 HGB. die dem öffentlichen Verkehr dienende Bahnunternehmungen, welche der Eisenbahnverkehrsordnung nicht unterliegen. Die Deckungsmasse besteht in diesem Falle nur aus den in das Kleinbahnregister eingetragenen Forderungen gegen Kleinbahnen, aushilfsweise wieder aus Wertpapieren und Geld unter den gleichen Voraussetzungen wie oben. Schließlich gilt die entsprechende Anwendung der auf den Konkurs

[1] Das Kleinbahngeschäft wird nur von der Preußischen Pfandbriefbank in Berlin betrieben.

[2] Vgl. Jaeger, Anm. 13 zu § 41.

bezüglichen Vorschriften des Hypothekenbankgesetzes auch für diejenigen Hypothekenbanken, die auf Grund von Rentenforderungen, die vor dem 1. Januar 1899 als Reallasten in das Grundbuch eingetragen sind, besondere Schuldverschreibungen ausgegeben haben. Bei diesen Banken besteht die besondere Deckungsmasse aus den bezeichneten Rentenforderungen, wenn sie in das Grundrentenregister eingetragen sind. Andere Arten von Rentenforderungen sind nicht geeignet als Deckungsmasse zu dienen. Dagegen kann diese auch hier aus Geld und Wertpapieren bestehen.

Für die einzelnen Deckungsmassen als solche gilt im Konkurs nichts besonderes. Die Inhaber der betreffenden Wertpapiere haben an den Massen eben das Vorrecht aus § 35 HBG genau so wie die Pfandbriefgläubiger. Nur ist zu betonen, daß die einzelnen Massen streng voneinander geschieden sind. Daraus ergibt sich: die Gläubiger, die aus den verschiedenen Deckungsmassen Befriedigung suchen, können nur zu verschiedener Schuldverschreibungsgläubigerversammlung im Sinne des § 1 SVG. zusammentreten; sie sollten auch zur Vermeidung von Interessekollision möglichst nicht ein und dieselbe Person zu ihrem Vertreter bestellen. Etwaige Überschüsse der einen Deckungsmasse kommen nicht etwa den anderen Deckungsmassen zugute, sondern fallen in die gemeine Masse. Massekosten und Masseschulden hat jede Deckungsmasse nach den oben entwickelten Grundsätzen für sich selbst zu tragen.

Metzger & Wittig, Leipzig

FSC
www.fsc.org
MIX
Papier | Fördert gute Waldnutzung
FSC® C083411

Kolibri 360 GmbH
Ferdinand-Jühlke-Straße 7
99095 Erfurt, Deutschland
produktsicherheit@kolibri360.de